MARCO ⊕ POLO
SÜDAFRIKA

*Sechs Symbole sollen Ihnen
die Orientierung in diesem Führer erleichtern:*

für Marco Polo Tips – die besten in jeder Kategorie

für alle Objekte, bei denen Sie auch eine schöne Aussicht haben

für Plätze, wo Sie bestimmt viele Einheimische treffen

für Treffpunkte für junge Leute

(A 1)
*Koordinaten für die Übersichtskarte und die Stadtpläne
(**O**) außerhalb des Stadtplanbereichs*

*Die Marco Polo Route in der Karte verbindet die schönsten
Punkte von Südafrika zu einer Idealtour*

*Diesen Führer schrieb Dagmar Schumacher.
Sie lebte acht Jahre als freie
Journalistin in Kapstadt.
Die Marco Polo Reihe wird herausgegeben
von Ferdinand Ranft.*

MAIRS GEOGRAPHISCHER VERLAG

MARCO ✛ POLO

Für Ihre nächste Reise gibt es folgende Titel dieser Reihe:

Ägypten • Alaska • Algarve • Allgäu • Amrum/Föhr • Amsterdam • Andalusien • Antarktis • Argentinien/Buenos Aires • Athen • Australien • Bahamas • Bali/Lombok • Baltikum • Bangkok • Barcelona • Bayerischer Wald • Berlin • Berner Oberland • Bodensee • Bornholm • Brasilien/Rio • Bretagne • Brüssel • Budapest • Bulgarien • Burgenland • Burgund • Capri • Chiemgau/Berchtesgaden • China • Costa Brava • Costa del Sol/Granada • Costa Rica • Côte d'Azur • Dänemark • Disneyland Paris • Dolomiten • Dominik. Republik • Dresden • Dubai/Emirate/Oman • Düsseldorf • Eifel • Elba • Elsaß • England • Erzgebirge/Vogtland • Feuerland/Patagonien • Finnland • Flandern • Florenz • Florida • Franken • Frankfurt • Frankreich • Frz. Atlantikküste • Fuerteventura • Galicien/Nordwest-Spanien • Gardasee • Gran Canaria • Griechenland • Griech. Inseln/Ägäis • Hamburg • Harz • Hawaii • Heidelberg • Holland • Hongkong • Ibiza/Formentera • Indien • Ionische Inseln • Irland • Ischia • Island • Israel • Istanbul • Istrien • Italien • Italien Nord • Italien Süd • Ital. Adria • Ital. Riviera • Jamaica • Japan • Java/Sumatra • Jemen • Jerusalem • Jordanien • Kalifornien • Kanada • Kanada Ost • Kanada West • Karibik: Große Antillen • Karibik: Kleine Antillen • Kärnten • Kenia • Köln • Kopenhagen • Korsika • Kreta • Krim/Schwarzmeerküste • Kuba • Lanzarote • La Palma • Leipzig • Libanon • Lissabon • Lofoten • Loire-Tal • London • Luxemburg • Madagaskar • Madeira • Madrid • Mailand/Lombardei • Malediven • Mallorca • Malta • Mark Brandenburg • Marokko • Masurische Seen • Mauritius • Mecklenburger Seenplatte • Menorca • Mexiko • Mosel • Moskau • München • Namibia • Nepal • Neuseeland • New York • Normandie • Norwegen • Oberbayern • Oberital. Seen • Oberschwaben • Österreich • Ostfries. Inseln • Ostseeküste: Mecklbg.-Vorp. • Ostseeküste: Schlesw.-Holst. • Paris • Peking • Peloponnes • Pfalz • Polen • Portugal • Potsdam • Prag • Provence • Rhodos • Rom • Rügen • Rumänien • Rußland • Salzburg/Salzkammergut • San Francisco • Sardinien • Schottland • Schwarzwald • Schweden • Schweiz • Seychellen • Singapur • Sizilien • Slowakei • Spanien • Spreewald/Lausitz • Sri Lanka • Steiermark • St. Petersburg • Südafrika • Südamerika • Südengland • Südkorea • Südsee • Südtirol • Sylt • Syrien • Taiwan • Teneriffa • Tessin • Thailand • Thüringen • Tirol • Tokio • Toskana • Tschechien • Tunesien • Türkei • Türk. Mittelmeerküste • Umbrien • Ungarn • USA • USA: Neuengland • USA Ost • USA Südstaaten • USA West • Usedom • Venedig • Vietnam • Wales • Die Wartburg/Eisenach und Umgebung • Weimar • Wien • Zürich • Zypern • Die 30 tollsten Ziele in Europa • Die tollsten Hotels in Deutschland • Die tollsten Restaurants in Deutschland •

Die Marco Polo Redaktion freut sich, wenn Sie ihr schreiben:
Marco Polo Redaktion, Mairs Geographischer Verlag
Postfach 31 51, D-73751 Ostfildern

Unsere Autoren haben nach bestem Wissen recherchiert. Trotzdem schleichen sich manchmal Fehler ein, für die der Verlag keine Haftung übernehmen kann.

Titelbild: Kapstadt (Pache/Erich Bach Superbild)
Fotos: Johns (90); Kern (35, 37, 40, 42, 45, 58, 76, 88); Knipping (4);
Kress-Zorn (14, 17, 20, 22, 24); Lade: B&W (68), Dönit (65), Fiedler (11),
Welsh (32, 61); Mauritius: Gierth (72), Reisel (28, 31), Ricatto (66), Vidler (Umschlagklappe vorn, 6, 9, 78, 84, 94); Schapowalow: Moser (53); Schuster/Gössler (7, 62, 67, 82);
Skupy (49); Skupy & Hartl (30, 56); Transglobe: Layda (80), Richardson (26)

3., aktualisierte Auflage 1996 © Mairs Geographischer Verlag
Lektorat: Claudia Biehahn
Gestaltung: Thienhaus/Wippermann (Büro Hamburg)
Kartographie: Mairs Geographischer Verlag, Istituto Geografico de Agostini
Sprachführer: in Zusammenarbeit mit Ernst Klett Verlag für Wissen und Bildung GmbH,
Redaktion PONS Wörterbücher

Printed in Germany
Gedruckt auf 100% chlorfreiem Papier

INHALT

Entdecken Sie Südafrika!

Für jeden Geschmack das Richtige: Großstadtfaszination neben unberührter Kraalwelt, karge Steppen neben paradiesischer Fruchtbarkeit, Naturparks neben Strandleben

Südafrika ist ein Reiseland, das für jeden Besucher etwas bietet: glitzernde Metropolen und einsame Zulu-Kraals, Wüste, karge Steppen und subtropische Wälder, Gebirge so hoch wie die Alpen und atemberaubend schöne Wasserfälle. In Südafrika können Sie in Luxuszügen oder Planwagen durch das Land reisen, 52 Wild- und Naturparks und 3000 Kilometer Küste mit herrlichen Stränden besuchen.

Das sonnige, aber gemäßigte Klima macht den Südzipfel Afrikas das ganze Jahr über zu einem geeigneten Reiseland. Für Besucher von der nördlichen Halbkugel sind die Monate Oktober bis April besonders verlockend, denn wenn im Norden die Tage kürzer werden, Schnee und Eis die Stimmung dämpfen, herrscht auf der südlichen Halbkugel Sommer. Das Land an der Südspitze des Schwarzen Kontinents ist dreieinhalbmal so groß wie Deutschland, hat aber nur

Das Kap der Guten Hoffnung wird jedes Jahr von 20000 Schiffen umrundet

rund 41 Millionen Einwohner. Nach der Verfassung aus dem Jahre 1993 gliedert es sich in neun Provinzen: Nord-Transvaal, Ost-Transvaal, Gauteng, Nordwest, Freistaat, KwaZulu/Natal, Nord-Kap, West-Kap, Ost-Kap.

Der portugiesische Seefahrer Bartholomëu Diaz entdeckte das Kap der Guten Hoffnung im Jahr 1488. Aber es dauerte fast 200 Jahre, bevor die ersten weißen Siedler unter Jan van Riebeeck an Land gingen, um eine Versorgungsstation für die Niederländisch-Ostindische Handelsgesellschaft einzurichten.

Doch die Kapregion war bereits vor mehr als 1000 Jahren bevölkert. Zur Zeit der portugiesischen »Entdeckung« lebten am Kap die Hottentotten, eine mit den Buschmännern (San) und Bantu-Völkern verwandte Ethnie, die von der Rinderzucht lebte, und die Buschmänner, ein Nomadenvolk. Den ersten Siedlern wurde eine Prämie bezahlt, wenn sie eine Hottentottenfrau heirateten. Die Niederländisch-Ostindische Kompagnie hoffte, auf diese Weise Siedler zur Niederlassung zu ermutigen. Die Kinder dieser Ehen sind die Vorfahren des heute »Cape Coloureds« genannten Teils der Bevölkerung. Doch darüber sprechen die Nachfahren bis heute nicht so gerne.

Um dem Arbeitskräftemangel abzuhelfen, wurden später malaiische Sklaven und politisch Verbannte aus Batavia (dem heutigen Djakarta) und Schwarze aus Nordafrika geholt. 1688 stießen dann die ersten 146 Hugenotten zu den aus Holland und Deutschland stammenden Bauern (»Buren«). Die Hugenotten, die ihre französische Heimat aus Glaubensgründen verlassen mußten, begründeten die Weintradition des Landes. Das Angebot ist heutzutage reichhaltig und sowohl von französischen wie auch von deutschen Einflüssen geprägt. Der Besuch auf einer der stattlichen Weinfarmen ist überaus empfehlenswert.

Ende des 18. Jahrhunderts versuchten die Briten sich der strategisch wertvollen Kolonie am Kap zu bemächtigen, 1814 hatten sie damit endgültig Erfolg. Ein großer Einschnitt für die Ordnung in der Kolonie, denn die Briten gewährten den rund 20.000 Hottentotten die gleichen Rechte wie den 26.000 Weißen, und sie befreiten die rund 30.000 Sklaven. Mit dieser neuen britischen Kolonialpolitik kamen viele burische Siedler nicht klar. Sie entschlossen sich, als »Voortrekker« ins Landesinnere aufzubrechen. Der große Treck begann 1835 mit von Ochsen gezogenen Planwagen, die nachts zu Wagenburgen zusammengeschoben wurden. Es war der zweite große Vorstoß der weißen Siedler ins Landesinnere. 100 Jahre zuvor waren sie in den »Kaffernkriegen« gegen die Xhosas schon einmal gescheitert. Diesmal blieben sie siegreich: Bei einem Angriff von 12 000 Zulus starben 3000 der schwarzen Krieger, ohne daß die Buren selbst Verluste hatten.

Die Voortrekker gründeten wiederholt eigene Staaten, die die Briten aber immer wieder übernahmen. Englands Drang

Die West-Kapprovinz: weltweit berühmt für ihren Wein

nach Norden hatte nicht zuletzt mit den reichen Gold- und Diamantenvorkommen zu tun, die um diese Zeit entdeckt wurden. Die Auseinandersetzungen zwischen Buren und Engländern eskalierten und endeten 1899 schließlich im dreijährigen Burenkrieg mit einem Sieg der Engländer. Großbritannien machte die Burenrepubliken zu englischen Kronkolonien. Ende Mai 1910 trat dann die Verfassung der Südafrikanischen Union in Kraft. Die Vereinigung der vier südafrikanischen Kolonien zur Republik, die bis 1961 Mitglied im Commonwealth war, war vollzogen. Ab 1948 geriet das Land ins internationale Abseits. Zunehmend beunruhigt verfolgte die Welt die Einführung der Apartheid, der sogenannten getrennten Entwicklung der Rassen. Es war der Weg in die Sackgasse, aus der erst Frederik Willem de Klerk herausführte.

De Klerk, der 1989 die Regierung übernahm, entschied sich für Reformen. Im Februar 1990 entließ er den legendären ANC-Führer Nelson Mandela nach eine Vierteljahrhundert Gefangenschaft aus der Haft, um mit ihm über die Zukunft Südafrikas zu verhandeln. 1991 setzte er die Apartheidgesetze außer Kraft. So wurde eine Vertrauensbasis geschaffen und die Voraussetzung dafür, daß alle Parteien des Landes zwischen 1991 und 1993 eine Übergangsverfassung erarbeiteten. In den ersten freien und demokratischen Wahlen im April 1994 wurde Nelson Mandela zum Staatspräsidenten gewählt.

Nelson Mandela beschreibt Südafrika als das Land des Re-

Die Basotho vertrauen auf die Heilkünste ihrer Medizinfrau

genbogens. Zu Recht, denn es besteht aus sehr vielen Völkern und Kulturen: aus den zahlenmäßig dominierenden Gruppen der Zulu, Xhosa und Sotho, aus kleineren Ethnien wie die Tswana, Ndebele oder Buschmänner, aus Mischlingen, Afrikaanern (Buren) und Engländern. Dazu kommen Einwanderer aus Europa. Es gibt elf offizielle Landessprachen, aber fast überall wird Englisch gesprochen.

Wie in vielen Urlaubsländern der Dritten Welt gibt es allerdings auch in Südafrika viel Armut, die um so krasser wirkt, weil der Reichtum der Ersten Welt oft nur wenige Kilometer weit entfernt ist. Auf dem Weg vom Kapstädter Flughafen in die hübsche City kommt man an riesigen Slums vorbei, deren Sanierung vom Staat erst neuerdings mit Milliardenaufwand vorangetrieben wird. Eines der Probleme des neuen Südafrika – aber auch seine Chance – ist die gigantische Größe des Landes. Zwischen Johannesburg und Kapstadt liegen auf dem schnellsten Weg (über Bloemfontein oder die Diamantenstadt Kim-

Geschichtstabelle

1488
Diaz umsegelt das Kap der Guten Hoffnung

1652
Erste weiße Siedler unter Jan van Riebeeck gründen Versorgungsstation am Kap

1658
Ankunft von malaiischen und westafrikanischen Sklaven

1688
Ankunft der Hugenotten

1779
Erster »Kaffernkrieg«

1795
Englische Besetzung des Kaps

1814
Burenrebellion gegen die britische Verwaltung

1815
Shaka wird König der Zulus

1820
5000 britische Einwanderer in Port Elizabeth

1828
Freie Farbige erhalten gleiche Rechte wie Weiße

1834
Aufhebung der Sklaverei

1835
Aufbruch des großen Trecks

1838
Schlacht zwischen Buren und Zulus am Blutfluß

1859
Ankunft von indischen Arbeitern in Natal

1867
Der erste Diamantenfund

1886
Entdeckung von Gold, Gründung Johannesburgs

1902
Ende des Zweiten Freiheitskriegs der Buren

1910
Zusammenschluß der britischen Kolonien und der Burenrepubliken zur Südafrikanischen Union

1948
Wahlsieg der Nationalen Partei. Beginn der offiziellen Apartheid

1960
Widerstand gegen die Paßgesetze, 60 Tote in Sharpeville

1961
Austritt aus dem Commonwealth

1976
Schülerunruhen in Soweto

1983
Schwerster Bombenanschlag des ANC, 20 Tote, 200 Verletzte

1986
Ausruf des allgemeinen Ausnahmezustands. Lockerung der Apartheid durch Einführung der Freizügigkeit für Schwarze

1990
Freilassung von Nelson Mandela

1994
Erste freie und demokratische Wahlen. Mandela wird Präsident. Regierung der nationalen Einheit

Johannesburg, der Skyline wegen New York Afrikas genannt

berley) rund 1600 Kilometer. Eine weite Strecke, auch wenn die Straßen im ganzen Land durchweg ausgezeichnet sind. Ein großer Teil des Weges führt durch das Steppengebiet Karoo. Hier sieht man oft stundenlang kein anderes Auto. (Bei Fahrten durch Südafrika ist es übrigens immer empfehlenswert, etwas Proviant im Auto zu haben.) In der Karoo passiert man die vereinzelten Tore der riesigen Schafsfarmen. Viele Farmer bieten günstig Übernachtung mit Frühstück an. Wenn man nach einer solchen Fahrt in Nord-Süd-Richtung auf der Höhe der letzten Bergkette steht, die das Kap gleichsam abschirmt vom Rest Südafrikas, glaubt man den Garten Eden erreicht zu haben. So weit das Auge reicht erstrecken sich die Wein- und Obstanbaugebiete und im Winter sattgrüne Getreidefelder. In der Ferne am Meer liegt Kapstadt, genannt die Mutterstadt, am Fuße des Tafelbergs.

Südafrika hat zwei Hauptstädte. In Kapstadt tagt das Parlament für sechs Monate, dann, gegen Ende Juni, zieht die Regierung mit Sack und Pack in die Verwaltungshauptstadt Pretoria um. Kapstadt liegt auf einer Halbinsel, deren Ende das Kap der Guten Hoffnung ist. Dort treffen sich die beiden Meere, die Südafrika umgeben: Indischer Ozean im Osten und Atlantik im Westen.

Wer an die rauhere Westküste fährt, kann vieles erwarten, nur kein Bad im warmen Meer, mag es auch noch so verführerisch wirken. Selbst an den heißesten Tagen wird das Wasser selten wärmer als 17 Grad. Dafür ist die Natur traumhaft unberührt. Das Vogelschutzgebiet an der Langebaan Lagune ist überaus sehenswert. Überhaupt kommen Vogelliebhaber im südlichen Afrika auf ihre Kosten. Von 27 Vogelfamilien in der Welt sind hier 22 vertreten. Fährt man von der Westküste ins Landesinnere, kommt man ins Namaqualand, das sich im Frühling (September/Oktober) in ein blühendes Meer aus wildwachsenden Blumen verwandelt.

Der Reichtum der südafrikanischen Flora ist wahrscheinlich unerreicht, es gibt 20000 blühende Pflanzenarten, weltberühmt ist die Nationalblume Protea und der Jakarandabaum, der während der Blüte (besonders schön in Pretoria im Oktober) seine Umgebung in ein blaßlila Licht taucht.

Zum Badeurlaub fährt man von Kapstadt die Süd- und Ostküste entlang. Die ersten Orte, an denen endlose Strände einladen, sind die Fischerorte Hermanus und Arniston am Indischen Ozean. Dann beginnt auch schon die spektakuläre »Garden Route«. Die vorzügliche Straße windet sich, meist von Gebirgsketten gesäumt, am Meer entlang. Badeorte wie Knysna und Plettenberg Bay mit ihren schönen Stränden, den Lagunen, Seen und Flußmündungen machen die Gegend zu einer der schönsten Urlaubsküsten der Welt.

Die Gartenroute ist 225 Kilometer lang, und im Frühling herrscht auch hier eine verschwenderische Blütenpracht. Im Sommer tummeln sich Wassersportler in dieser Region. Wer keine Zeit hat, in einen der großen Wildparks zu fahren, erlebt hier Vergleichbares. In den Wäldern bei Knysna, den größten Südafrikas, gibt es Elefanten, und das nördlich davon im Landesinneren gelegene Oudtshoorn ist das Zentrum der Straußenzucht. Beim Besuch einer der vielen Farmen kann man die großen Vögel aus der Nähe betrachten, Mutige können sogar einen Ritt wagen.

In der Nähe von Oudtshoorn liegen die Cango Caves, großartige Tropfsteinhöhlen, die alljährlich viele tausend Besucher beeindrucken.

East London, als einziger Flußhafen Südafrikas an der Mündung des Buffalo River gelegen, war Anfang des letzten Jahrhunderts Grenzstadt zwischen dem Gebiet der weißen Siedler und dem angestammten Land der Xhosa-Völker. In deren Heimatgebieten, Transkei und Ciskei, tragen viele kleine Orte deutsche Namen, wie Hamburg, Berlin, Potsdam etc. Sie wurden von deutschen Siedlern gegründet, die 1857 hier landeten und deren Einfluß bis heute spürbar ist.

Am besten meint es das Wetter in Südafrika mit der Provinz KwaZulu/Natal, dem Königreich der Zulus. Tropischer Sonnenschein und (oft warme) Niederschläge sorgen für ein immergrünes Paradies. Die Zulus stellen die Bevölkerungsmehrheit in dieser Provinz. Sie haben einen besonderen Platz in der Geschichte Südafrikas. Berühmt wurden sie vor allem durch ihren Führer Shaka, dessen Krieger wegen ihres Mutes, ihrer Entschlossenheit und ihres Stolzes bewundert und wegen ihrer Grausamkeit gefürchtet wurden. Im Zululand kann man die alten Schlachtfelder besuchen.

Die größte Küstenstadt ist Durban, ein beliebter Ferienort. Im Straßenbild mischen sich Menschen in bunten Sommerkleidern, Saris und Zulutracht. Südafrikanische Inder stellen rund die Hälfte der Bevölkerung in Durban. Sie sind Nachfahren der Gastarbeiter, die nach Natal gebracht wurden, um auf den großen Zuckerrohrplantagen zu arbeiten. Noch heute zeugen säulengeschmückte Paläste vom sagenhaften Reichtum der Zukkerbarone. Das subtropische Klima erlaubt Baden, Segeln und Surfen während des ganzen Jahres.

Vom Trubel nicht allzuweit entfernt beginnt das Tal der Tausend Hügel. Hier bietet sich in Ruhe und Einsamkeit ein unbeschreiblich schöner Ausblick. Von Pietermaritzburg sollte jeder Besucher einen Ausflug in die Drakensberge machen. Der mächtige Gebirgszug wird häufig »Alpen Südafrikas« genannt. Als einer der höchsten Gipfel ragt der Mont aux Sources (3299 Meter) heraus.

Ein grandioses Panorama bietet das von riesigen Felsen gebildete »Amphitheater« im Royal National Park. In den Bergen gibt es ein großes Angebot an Landhotels. Der Wanderer kann

Der Norden, ein immergrünes Paradies

in vielen Höhlen Buschmann-Zeichnungen entdecken.

In starkem Kontrast zum grünen, landschaftlich völlig unterschiedlichen Natal steht der Freistaat. Dieser Teil Südafrikas wird zu Recht »weites offenes Land« genannt. Hier — wie in den Nordprovinzen — regnet es nur im Sommer. Dann sieht das Land saftig grün aus, im Winter aber ist es trostlos, braun bis gelb, trocken und staubig.

Allerdings ist eben dann auch der afrikanische Eindruck am stärksten: Tagsüber scheint die Sonne vom makellos blauen Himmel, abends — wenn die Temperaturen binnen kürzester Zeit um bis zu 20 Grad in Gefrierpunktnähe oder gar darunter sinken — sitzt man vor gemütlich knisternden Kaminfeuern. Vorsicht! An solchen Abenden frieren selbst kältegewohnte Besucher aus der nördlichen Hemisphäre. Das liegt nicht zuletzt an der Höhe. Das Landesinnere Südafrikas liegt durchweg zwischen 1500 und 2000 Meter über dem Meeresspiegel.

Als die Voortrekker einstmals nach Jahren der beschwerlichen Reise im ehemaligen Transvaal ankamen, glaubten sie in einem nordwärts fließenden Strom die Quelle des Nils entdeckt zu haben. So kam der kleine Ort Nylstrom in der Nähe von Warmbad zu seinem Namen.

Die beiden großen Städte im Norden des Landes sind Johannesburg und Pretoria. Sie liegen zwar so nah beieinander, daß sie eines Tages zusammenwachsen werden. Aber sie könnten unterschiedlicher nicht sein. Johannesburg, oft das New York Afrikas genannt, ist mit seinen glitzernden Wolkenkratzern die wichtigste Industriemetropole Südafrikas. Hier haben die meisten Banken, Versicherungen und die Börse ihren Sitz. Hier wird überwiegend Englisch gesprochen.

In den Sprachen der schwarzen Südafrikaner heißt Johannesburg E'Goli, Ort des Goldes. Denn dem Gold verdankt die Metropole ihre Gründung, auf Gold ist sie gebaut. In den 70er Jahren erzielte Südafrika zwei Drittel seiner Ausfuhrerlöse mit Gold, heute sind es noch 40 Prozent.

Das Zentrum der südafrikanischen Wirtschaftsmacht ist umgeben von Townships, den Slums der Armen, die überwiegend schwarz sind. Am bekanntesten ist Soweto.

Beschaulicher dagegen wirkt der Regierungssitz Pretoria. Hier leben zum größten Teil Beamte. Die Stadt liegt auf 1500 Meter Höhe, somit knapp 400 Meter niedriger als Johannesburg. Deshalb sind die Sommer wärmer und die Winter milder.

Weiter im Norden verändert sich die Landschaft erneut. Wieder herrscht subtropisches Klima. Man durchfährt Teeplantagen und große, von Hand gepflanzte Wälder. Besonders eindrucksvoll ist die Fahrt nach Magoebaskloof über einen aufgeforsteten Bergpaß, der nach »Magoebas«, dem Führer einer Bande benannt ist, die sich hier früher versteckt hielt. Von den vielen Wasserfällen dieser Gegend sind die Debegeni Falls die eindrucksvollsten.

An der Grenze zu Mosambik liegt der Krüger Nationalpark, eines der größten Wildschutzgebiete der Welt. Nicht nur der Reichtum an wilden Tieren und Vögeln haben den Park weltberühmt gemacht, sondern auch die Landschaft. Die Vegetation ist einzigartig.

Der Krüger Park ist zwar das bekannteste, aber beileibe nicht das einzige Wildschutzgebiet. Der Wildschutz hat eine lange Geschichte. Bereits 1656 wurden die ersten Jagdverordnungen erlassen. Das erste Wildreservat, eben der Krüger Park, entstand 1898. Mit 21 086 Quadratkilometern ist er ebenso groß wie Hessen. Alle Auskünfte über Naturschutzparks erteilt das *National Parks Board (Tel. 012/ 343 19 91)*. In fast allen Parks gibt es Übernachtungsmöglichkeiten in sogenannten Camps.

Sehenswert ist auch der Golden Gate Highlands Park im Freistaat, wo Antilopen und Vögel in wunderschöner, naturbelassener Umgebung leben. Der Mountain Zebra National Park wurde zur Erhaltung des Bergzebras eingerichtet, das etwas kleiner ist als seine herkömmlichen Artgenossen. Im Kalahari Gemsbok-Park kann man noch Löwen sehen, und im wasserreichen Tsitsikamma Park an der Garden Route gibt es Krokodile und andere Wassertiere.

Das Umfolozi-Wildreservat in Natal wiederum ist bekannt für seine weißen Nashörner, die vom Aussterben bedroht sind. Das Angebot an Parks ist vielfältig, fast alle können problemlos mit Pkws befahren werden.

Überhaupt bietet sich Südafrika für einen Autourlaub an. Die Preise für Mietwagen, besonders an Wochenenden und über längere Zeiträume, sind niedriger als in Deutschland, die Straßen durchweg gut, selbst wenn sie unbefestigt sind. Nur in den ehemaligen Homelands lassen die Straßen durch die jahrzehntelange Vernachlässigung zu wünschen übrig. An den Linksverkehr hat man sich schnell gewöhnt.

Man sollte bei der Planung einer Reise jedoch berücksichtigen, daß es in Südafrika viel früher dunkel wird als in Europa. Selbst im Sommer ist es zwischen sieben und acht Uhr finster, im Winter sogar eine Stunde früher. Die Geschwindigkeitsbegrenzungen sind unbedingt einzuhalten, denn die Geldstrafen sind happig. In der Stadt sind 60, auf Landstraßen 100 und auf Autobahnen 120 Stundenkilometer erlaubt.

Wer nicht gerne selber fährt, kann ein umfangreiches Angebot an Busreisen in Anspruch nehmen. Das hat den Vorteil, daß Sie auf eine durchweg sachkundige Führung vertrauen können. Auskunft gibt *Satour, Tel. 012/ 3470600, Fax 012/45 48 89.*

Im Urlaubsparadies Südafrika stehen 1300 Hotels zur Verfügung, die für jeden Anspruch und zu günstigen Preisen etwas bieten. Sie sind nach Kategorien zwischen einem und fünf Sternen eingeteilt, wobei das Hotel mit einem Stern akzeptabel ist und die Fünf-Sterne-Hotels sich mit den besten der Welt vergleichen können. Es gibt aber auch viele private Übernachtungsangebote (B & B), die einen Einblick in das Leben der Südafrikaner geben. *Zentrale Reservierung: 011/482 22 06 oder 021/ 797 78 71.*

Südafrika läßt sich grob in zwei Klimazonen einteilen: der Küstengürtel und das Kap einerseits und das Landesinnere andererseits. In Kapstadt und seinem Hinterland zum Beispiel sind die Sommertage trocken und sonnig. Die meisten Niederschläge fallen im Winter. Der heißeste Monat ist Februar mit einer Durchschnittstemperatur von 27 Grad, der kühlste ist Juli mit Tagestemperaturen um 15 Grad.

Die anderen Teile des Landes, das hohe Inlandplateau, das Hügelland von Natal und das Lowveld im Norden, sind Sommerregengebiete. Dort fällt der Regen zwischen September und April vielfach als Gewitter am späten Nachmittag. In Johannesburg wird es im Januar mit 26 Grad am wärmsten und im Juli mit 17 Grad im Tagesdurchschnitt am kältesten. Die höchste Temperatur verzeichnen die Regionen um Kimberley und Upington: 33 Grad im Januar.

Südafrika hat zu jeder Jahreszeit etwas zu bieten. Wildparks besucht man am besten im Winter, weil dann das Gras niedriger ist. Die Sonnenbräune holt man sich vor der Abreise in Durban. Die schönsten Monate in Kapstadt und für die Fahrt entlang der Garden Route sind März, April und Mai. Im Dezember und Januar, wenn Ferienzeit ist, muß man in allen Küstenorten mit Andrang rechnen.

Wer also eine heiße Weihnacht in Südafrika der weißen Weihnacht vorzieht, sollte zumindest rechtzeitig Hotelbuchungen vornehmen.

Südafrika wirbt mit dem Slogan »Eine Welt in einem Land«. Der Besucher wird sehr schnell feststellen, daß dies keine Übertreibung ist.

Von den Afrikaanern bis zu den Zulus

In der Regenbogennation leben nach den Jahren der Apartheid Schwarz und Weiß geeint und voller Hoffnung auf die Zukunft

Afrikaaner

Die Buren sind die Nachfahren der holländischen und deutschen Siedler, die sich anfänglich zum großen Teil als Bauern niederließen. Sie nennen sich selbst Afrikaaner, um deutlich zu machen, daß sie weiße Einwohner Afrikas sind. Ihre Sprache ist *Afrikaans*, ein Gemisch aus Holländisch und Deutsch, aber auch etwas Französisch, Malaiisch und Zulu, sowie einigen Hottentotenwörtern. Die Afrikaaner sind sehr stolz auf ihre eigene Sprache, was sich nicht zuletzt in der umfangreichen Literatur niederschlägt. Sie sind durch ihre calvinistischen Kirchen die geschlossenste weiße Bevölkerungsgruppe. Von 1948 bis 1994 stellten sie mit der Nationalen Partei die Regierung des Landes, die das Apartheidsystem einführte. Wirtschaftliche Sanktionen, die weltweite Isolierung sowie der blutige und mutige Widerstand im Land selbst zwangen den da-

Mit sechs Millionen Menschen sind die Zulus die größte Bevölkerungsgruppe Südafrikas

maligen Präsidenten Frederik Willem de Klerk 1990 zur Abkehr vom Unrechtssystem. Von 1994 bis Mitte 1996 ist die Nationale Partei noch in der ersten demokratisch gewählten Regierung vertreten.

ANC

Der 1912 gegründete und 1960 verbotene African National Congress hat in einem jahrzehntelangen Befreiungskrieg erfolgreich die Herrschaft der weißen Minderheit bekämpft. Der ANC ist heute die stärkste Partei des Landes. Ihr Führer, der Friedensnobelpreisträger Nelson Mandela, wurde 1994 Präsident.

Apartheid

Das Wort kommt aus dem Afrikaans und bedeutet »Getrenntheit«, die gesetzliche Trennung und ungleiche Rechtsstellung von Menschen in allen Lebensbereichen aufgrund ihrer Hautfarbe. Diese Rassendoktrin war der Versuch der Weißen, vor allen Dingen der burischen Minderheit, eine Machtübernahme der zahlenmäßig weit überlegenen schwarzen Bevölkerung

Südafrikas zu verhindern. Das diskriminierende Dogma, das nicht zuletzt theologisch untermauert wurde, erzwang ab 1948 einen Wust von Rassengesetzen. Die Trennung von Menschen nach Hautfarben und Sprachengruppen sowie die Schaffung von zehn sogenannten *Homelands*, Heimatländern, schuf grenzenloses Elend für die Nichtweißen.

Buschmänner

Die Buschmänner (San) gehören neben den Hottentotten zu den Ureinwohnern Südafrikas. Es sind pygmäenhaft kleine Menschen mit einer gelben Haut und schrägstehenden Augen. Der kleine Rest des Nomadenvolks lebt bis heute noch so wie seine Ahnen vor Tausenden von Jahren. Sie bauen ihre Hütten aus Büschen und Stöcken über einer kleinen Aushöhlung im Sand. In der Nacht rollen sie sich zum Schlafen zusammen, bevor sie am nächsten Tag weiterziehen. Da die Buschmänner scheu und freiheitsliebend sind, haben sie sich im Verlauf der letzten Jahrhunderte — als immer mehr Menschen kamen — in einsame, wenig fruchtbare Gebiete des südlichen Afrikas zurückgezogen. Sie sind so an die Natur angepaßt, daß sie selbst in der Wüste einige Tage ohne Essen und Wasser überleben können. Felsmalereien, die man überall im Land findet, zeugen noch heute von Tradition und Kultur der kleinen Menschen mit ihren greisenhaften, meist fröhlichen Gesichtern. Es ist schwer zu sagen, wann die ältesten Wandzeichnungen entstanden sind, aber eine Höhlenmalerei in den Drakensbergen ist sicher eines

ihrer letzten Werke: Es zeigt Männer mit weißen Gesichtern, die auf Pferden daherkommen, Hüte tragen und mit Gewehren bewaffnet sind.

Coloureds

Der Ursprung der Mischlinge läßt sich bis ins Jahr 1652 zurückverfolgen, das Ankunftsjahr der ersten weißen Siedler. Coloureds sind die Nachfahren der Verbindungen von Europäern mit den Frauen von Hottentotten, Buschmännern, Malaien und Schwarzen. Sie leben hauptsächlich in Kapstadt und den Kapprovinzen. Zum Beispiel sind fast alle Arbeiter auf den Weinfarmen Coloureds. Die Apartheid spielte den braunen Südafrikanern übel mit: Ein großes, unbebautes Stück Land in der Mitte Kapstadts ist heute alles, was vom District Six, dem ehemaligen Viertel der Coloureds, übriggeblieben ist. Es erzeugt bis heute tiefe Bitterkeit. In dem zwar verslumten, aber lebensfrohen Teil der Stadt wohnten Coloureds bis Mitte der 60er Jahre. Im Zuge der Apartheidpolitik wurden dann alle Gebäude — Kirchen ausgenommen — mit Planierraupen dem Erdboden gleichgemacht. Kapstadt sollte weiß werden. Noch immer haben die Coloureds diese Aktion weder vergessen noch verziehen, und selbst im neuen Südafrika wird nur zögerlich mit dem Wiederaufbau des Viertels begonnen.

Fernsehen

Staatliches Fernsehen wurde in Südafrika erst 1976 eingeführt, dann aber gleich in bester Qualität nach der deutschen Pal-

Norm. Es bietet auf drei Kanälen Sendungen in neun Sprachen. Englische Programme laufen auf dem ersten Kanal. Der private Sender M-Net zeigt hauptsächlich Spielfilme und Sport in Englisch. Die meisten Hotels haben den speziellen Decoder, der für den M-Net-Empfang nötig ist, sowie in den gehobenen Preisklassen Videokanal und Satellitenprogramm.

Flora und Fauna

Wahrscheinlich gibt es nirgendwo sonst auf der Welt einen solchen Reichtum an Pflanzen. Die unterschiedlichen Klimabedingungen in den einzelnen Regionen haben die vielfältige Flora entstehen lassen. Allein von der südafrikanischen Nationalblume, der Protea, gibt es 400 Arten. Die Blumenpracht des Landes kann man am besten in den zahlreichen Wildblumen- und botanischen Gärten bewundern. In den Naturschutzgebieten trifft oft beides zusammen: eine artenreiche Pflanzenwelt und ein überwältigender Bestand an Tieren.

Südafrika hat alles zu bieten: von der nur zehn Gramm schweren Zwergspitzmaus bis hin zum Elefanten, der es bis auf sechs Tonnen bringen kann. Unvergeßlich bleibt das Erlebnis, von einem Löwen in seiner natürlichen Umgebung nur durch eine Autoscheibe getrennt zu sein oder einer Elefantenherde gegenüberzustehen. Von 830 Vogelarten überwintern etliche in Südafrika. So ist es keine Seltenheit, in den europäischen Wintermonaten auf einmal Hunderte von Störchen auf einer Wiese stehen zu sehen.

Protea, die Nationalblume

Homeland

Die sogenannten Heimatländer waren der Versuch der Regierung, im Namen der Apartheid zehn unabhängige Staaten für die schwarze Bevölkerung zu gründen und den großen Rest Südafrikas ausschließlich für eine weiße Besiedlung freizuhalten. Homelands wurden in den historischen Siedlungsgebieten der schwarzen Völker eingerichtet. So bekamen die Xhosa Transkei und Ciskei, die Zulus sollten alle in KwaZulu leben, und die Tswana bekamen Bophuthatswana, um nur einige Beispiele zu nennen. In diesen Reservaten, die 13 Prozent der Landesfläche ausmachten, lebten 80 Prozent der Einwohner Südafrikas. Das hatte zur Folge, daß die Gebiete völlig übervölkert waren. Hauptsächlich wohnten dort alte Menschen, Frauen und Kinder. Die Ernährer der Familien arbeiteten als Gastarbeiter außerhalb der Homelands in Industrie oder Landwirtschaft, dort, wo das weiße Südafrika Verwendung für sie hatte. Familien wurden auseinandergerissen, weil der Vater — wenn überhaupt — vielleicht einmal im Jahr nach Hause kam. Das Elend war groß. Heute gehören diese Gebiete zwar wieder zu Südafrika, aber es wird noch dauern, bis das Erbe der Apartheid nicht mehr sichtbar ist.

Hottentotten

Die Rinderzüchter und Sammler lebten in bescheidenem Wohlstand am Kap, als Jan van Riebeeck und seine Siedler 1652 eintrafen. Wie die Buschmänner gehören sie zu den Khoisan-Völkern. Sie trugen typischerweise ihre Lasten auf dem Rücken und nicht, wie die anderen schwarzen Völker Afrikas, auf dem Kopf. Hottentotten waren mittelgroß, hatten eine hellbraune Hautfarbe und ein ausgeprägtes Becken, den sogenannten Hottentottensteiß. Die Geschichte der Hottentotten kann man 10 000 Jahre zurückverfolgen. Sie sind ausgestorben, weil sie von anderen Gruppen absorbiert wurden. Überreste ihrer Sprache finden sich bis heute im Afrikaans.

Indaba

Ursprünglich nur die Versammlung der Zuluhäuptlinge. Die Bezeichnung Indaba wird aber heute auch für politische und andere Treffen verwendet. Zum Beispiel für die größte Tourismusmesse Südafrikas.

Inder

Die Inder sind die kleinste Bevölkerungsgruppe in Südafrika, gemäß der hergebrachten Rassenordnung. Ihr Vorfahren kamen Mitte des 19. Jahrhunderts nach Natal, um auf den Plantagen der Zuckerbarone zu arbeiten. Es sind Hindus und Muslime, die zum größten Teil in Durban und in KwaZulu/Natal leben. Auch die Inder waren durch die Apartheid benachteiligt.

Mandela

Nach mehr als 25 Jahren in Zuchthäusern wurde der über siebzigjährige Nelson Mandela 1990 in die Freiheit entlassen. Der einstmals wegen staatsfeindlicher Aktionen, Sabotage und Verbreitung kommunistischer Ansichten zu lebenslanger Haft verurteilte Anwalt entwickelte sich sofort zur wichtigsten politischen Leitfigur Südafrikas. Im April 1994 wurde er bei den ersten freien und demokratischen Wahlen zum Präsidenten gewählt. Der bekannte südafrikanische Schriftsteller Breyten Breytenbach schrieb bei Mandelas Entlassung aus dem Gefängnis: »Als Aktivist kam er hinein, als Mythos kommt er heraus. (…) Nelson Mandela öffnet eine Tür.«

Und so geschah es. Der friedliche Wandel ist zum großen Teil Mandela zu verdanken, der für Südafrikaner aller Hautfarben eine Integrationsfigur darstellt.

Museum

Museen gibt es selbst im kleinsten Ort. Vielleicht liegt es an der kurzen Geschichte des Landes, daß die Südafrikaner eine solche Vorliebe dafür haben. Der durch seine lange Historie verwöhnte Europäer ist sicher nicht immer beeindruckt von den zuweilen mit rührender Sorgfalt zusammengetragenen Sammlungen.

Muti

Zaubermittel der Medizinmänner und Naturheiler, die auch Sangomas genannt werden. In den geheimnisvollen Läden in Johannesburg und Pretoria kann man sich beim Kauf von Muti fachkundig beraten oder von auf den Boden geworfenen Knochen die Zukunft lesen lassen. Sangomas genießen sehr hohes Ansehen. Viele Schwarze gehen zum Arzt und zur Sicherheit auch noch zu Medizinmann oder -frau. Allein in Soweto gibt es über 5000 Sangomas.

Nationale Partei

Die überwiegend afrikaanssprachige Nationale Partei regierte seit 1948 Südafrika und schuf nicht nur großen Wohlstand für ihre weißen Wähler, sondern schrieb auch das perfide Unrechtssystem Apartheid in die Gesetzbücher. Der Höhepunkt der Rassentrennung war in den sechziger Jahren unter dem in Holland geborenen »Vater der Apartheid«, Hendrik Verwoerd, erreicht.

Shebeens

So heißen die Kneipen und Clubs in den schwarzen Townships. Dort herrscht fast immer, besonders abends und am Wochenende, und am bombige Stimmung. Die Getränke sind nicht immer kalt (wegen des raschen Verkaufs), dafür ist die Musik riesig. Doch man sollte einen ortskundigen Führer zu einem Besuch einladen.

Sport

Daß die Einwohner eines so sonnenverwöhnten Landes sportbegeistert sind, verwundert nicht. Die Südafrikaner betreiben alle Arten von Sport. Im Sommer gilt das nationale Interesse vorwiegend dem Kricket, im Winter dem Rugby. Es gibt über 400 Golfplätze, wo Besucher gegen eine »Visitor Fee« willkommen sind. Golfwagen stehen zur Verfügung und Ausrüstungen können in den großen Clubs gemietet werden. Wandern und Bergsteigen kann man besonders gut in den Drakensbergen und in den Gebirgen der Kapprovinzen. Die Hochburg des Segelfliegens ist Bloemfontein. In fast allen Küstenorten können Besucher tauchen, segeln, hochseeangeln, windsurfen und wellenreiten. Viele Hotels haben Tennisplätze und es gibt kaum eine Herberge ohne Schwimmbad.

Township

Das ist die Bezeichnung für die Vorstädte. In Zeiten der Apartheid gab es ein Gesetz, das Wohngebiete nach Hautfarbe trennte. Es gab weiße, farbige beziehungsweise indische und schwarze Stadtteile, wenngleich gerade in den Großstädten die Grenzen sich zunehmend verwischten. Die Bezeichnung Township wird heute nur für die vielfach riesigen Vororte der Nichtweißen gebraucht. Die Gebiete verkommen zusehends, auch weil täglich mehr Menschen aus den ländlichen Gebieten ankommen, die auf Arbeit in der Stadt hoffen. Nur knapp die Hälfte der Südafrikaner lebt in festen Häusern, die andere Hälfte versucht, sich aus Holz, Plastiktüten oder Blech ein Zuhause zu schaffen. Und wer ein Dach über dem Kopf hat, vermietet an nicht so Glückliche unter. Oft schlafen in einem kleinen Raum mehr als zehn Menschen.

Fast drei Millionen Schwarze sind unterernährt, mehr als ein Drittel davon sind Kinder unter fünf Jahren. Wie überall in der Dritten Welt sollte man bei dem Besuch eines armen Wohngebiets vorsichtig sein. Wer meint, das Elend aus der Nähe sehen zu müssen, kann in Soweto bei Johannesburg an einer organisierten Busrundfahrt teilnehmen.

Soweto: An den Lebensbedingungen der Schwarzen konnte die neue Regierung noch nicht viel ändern

Wildlife

Für Besucher, die sich für die Tierwelt interessieren, ist Südafrika ein Paradies, denn in den Wildreservaten herrscht eine Artenvielfalt wie sonst kaum auf der Welt. Südafrika unterhält 17 Nationalparks, die insgesamt eine Fläche von 3,2 Millionen Hektar umfassen. Daneben gibt es noch Naturschutzgebiete, die den Provinzen unterstehen und unzählige private Wildparks. Die meisten liegen in den Sommerregengebieten, so daß die üppige Vegetation in dieser Jahreszeit es schwieriger macht, die Tiere zu beobachten als in den trockenen Wintermonaten von Mai bis September. Kurz vor Sonnenaufgang und kurz vor Sonnenuntergang sind die Tiere besonders aktiv. Das sollte bei der Planung der Safaris berücksichtigt werden.

Wirtschaft

Durch die Vorkommen von Gold, Diamanten und anderen Mineralien gehört der Bergbau zu den wichtigsten Wirtschaftszweigen und bietet – neben der Landwirtschaft – die meisten Arbeitsplätze. Südafrika ist seit 1886 der größte Goldproduzent der Welt und deckt über 50 Prozent des weltweiten Bedarfs – allerdings mit rückläufiger Tendenz. Zur Goldgewinnung werden modernste Methoden angewandt. Die sind nötig, denn der Bergbau findet in großer Tiefe statt. Das Edelmetall wird nicht in Goldklumpen gefunden, sondern als feiner Goldstaub, der als Ader in festes Gestein eingeschlossen ist. Einige Stollen liegen in über 4000 Meter Tiefe. Alle Goldminen sind im Besitz von Firmen, die in der Johannesburger Chamber of Mines zusammengeschlossen sind.

Südafrika gehört auch zu den größten Diamantenlieferanten der Welt. Überhaupt gibt es kaum ein Mineral, das in Südafrika nicht gefunden wird. Bei manchen, zum Beispiel dem titanhaltigen Magnetgestein Vanadium, hat Südafrika das Monopol.

Die Landwirtschaft mit Wein- und Getreideanbau, Rinder- und

Schafzucht ist zwar nicht so bedeutend für den Export, aber als Arbeitgeber sehr wichtig.

Jedes Jahr werden in den Meeren um das Kap 1,2 Millionen Tonnen Fisch gefangen, wovon 90 Prozent ins Ausland verkauft werden. Besonders der Crayfisch landet in Feinschmeckerlokalen und auf Edelbuffets in aller Welt.

Der Tourismus ist zwar noch ein junger Wirtschaftszweig, aber schon der drittgrößte Devisenbringer. Südafrika hofft nach der Abschaffung der Apartheid auf großen Zuwachs, denn für ausländische Besucher ist das Land nicht zuletzt durch den günstigen Wechselkurs ein attraktives Ziel.

Xhosa

Die Xhosa-Stämme lebten – entgegen der bislang gängigen »weißen« Geschichtsschreibung in Südafrika – schon im 15. Jahrhundert in der Gegend der heutigen Transkei und Ciskei. Die ersten Beschreibungen gibt es von schiffbrüchigen Seeleuten aus dieser Zeit. Ein portugiesischer Journalist, der 1635 auf dem Xhosa-Gebiet strandete, beschrieb sie so: »Die Männer in diesem Land sind schlank und aufrecht, groß und gutaussehend. Sie können Hunger und Kälte ertragen und arbeiten schwer. Sie leben 200 Jahre und das bei guter Gesundheit und mit allen ihren Zähnen.« Wenn man heute durch diese ländlichen Gebiete fährt, sieht man die Frauen noch oft in ihrer Stammestracht, kunstvoll bestickten Decken, und mit einer langen Pfeife vor ihren Rundhütten sitzen. Häufig malen sie sich und ihren Kindern die Gesichter weiß an, was womöglich ursprünglich auch ein Schutz gegen die Sonne war. Diesen Teil ihrer Tradition befolgen auch heute noch viele Xhosa-Frauen in den Städten.

Zulus

Die Zulus sind die größte Bevölkerungsgruppe Südafrikas, mit über sechs Millionen Menschen. Ihre angestammte Heimat ist das Königreich Zululand in Natal. Sie sind berühmt wegen ihrer kriegerischen Geschichte. Bis heute liefert sich ihre größte politische Partei »Inkatha« blutige Gefechte mit der Regierungspartei ANC. Besonders Anfang des letzten Jahrhunderts waren die Zulus in der ganzen Region gefürchtet. Damals herrschte ihr König Shaka, ein militärisches Genie. Noch heute gibt es viele Legenden über ihn. Seine Armee bestand aus 50 000 Männern und 10 000 Frauen. Sein Reich erstreckte sich entlang des Tugelaflusses und schloß fast das ganze Gebiet des heutigen Natal ein. Shaka gilt bis heute als großer, aber auch brutaler Führer. Wenn er einen Stamm besiegt hatte, ließ er die Häuptlinge, ihre Frauen und Kinder sofort ermorden. Seine Blutrünstigkeit trieb seinen Bruder Dingaan dazu, Shaka zu ermorden und selbst die Herrschaft zu übernehmen. Er führte schließlich das Heer gegen die Buren und später gegen die englischen Kolonialtruppen. Nach der letzten Schlacht in Ulundi teilten die siegreichen Briten im Jahre 1872 das von Shaka gegründete Königreich in 13 Gebiete auf, jedes mit einem Häuptling.

Erlesene Weine zu ethnischen Spezialitäten

Asiatische, indische, europäische, afrikaanische Küche und der herrliche südafrikanische Wein verwöhnen anspruchsvolle Genießer

Essen

Es gibt keine authentische südafrikanische Küche. Je nach Landstrich werden andere Spezialitäten geboten. Am Kap macht sich der Einfluß der Malaien zum Beispiel bei *Babotie*, Lammhackfleisch mit Curry und Kartoffeln als Pastete, und *Bredies*, einer Art Gemüseeintopf, bemerkbar. Besonders zu empfehlen ist der Tomaten-Bredie. Die Inder in Natal reichen gern scharfe Curry- und Chutney-Gerichte. *Samoosas* heißen kleine, dreieckige Teigtaschen, die mit Gemüse- oder Fleischcurry gefüllt sind.

Die Afrikaaner lieben ihr *Braai*, ein Barbecue, das häufig mehr wegen seiner Geselligkeit als wegen seiner kulinarischen Genüsse erinnerungswürdig ist. Es werden erstklassige Steaks und *Boerewors*, eine gut gewürzte

Beliebte Erfrischung: Sorghum-Bier — made in Südafrika

Bratwurst, gegrillt. *Sosaties* sind Lammfleischstücke mit Trockenfrüchten, Apfelringen und Tomaten auf Spießen, die auch auf dem Grill bereitet werden. Dazu gibt es *Stywe Pap*, einen fast trockengekochten Brei aus Maismehl. Besonders afrikaanisch ist es, wenn man den *Pap* mit den Händen zu einem Klumpen formt und in eine Soße taucht, bevor man ihn mit der Wurst ißt. An Wochenenden hüllt sich Südafrika in den Geruch von unzähligen Braai-Partys. Es ist eine beliebte Einladung: Die Männer stehen um das Feuer, ein Bier in der Hand, die Frauen sitzen am Tisch und reden über die Probleme des täglichen Lebens. Eine beliebte Süßspeise sind die *Koeksisters*, ein süßes, zum Zopf geflochtenes Kleingebäck.

Fast alle Restaurants bieten ein großes Angebot an Fisch, der gerade in den Küstenregionen garantiert fangfrisch ist. Der *Crayfish* ist eine Mischung aus

Hummer und Languste. Verglichen mit den Preisen in Europa kann man in Südafrika diese Delikatesse billig bekommen. Man sollte allerdings, bevor man einen Crayfish bestellt, fragen, ob er frisch – nicht etwa tiefgefroren – ist, weil er dann viel besser schmeckt. Lassen Sie sich außerdem die Größe vorführen! *Kingklip* ist ein von den Südafrikanern sehr geschätzter Fisch. Er hat festes, weißes Fleisch und wird meistens filetiert gereicht. *Snoek* ist eine Barrakuda-Art, die herzhaft, aber ziemlich fett ist. Er wird meistens geräuchert, etwa mit Kräutern oder ganzen Pfefferkörnern, verkauft. *Perlemoen* – auch *Abalone* genannt – ist eine handgroße Muschel, die es häufig im Atlantischen Ozean gibt.

Das Angebot an Obst und Gemüse ist sehr groß und die Qualität hervorragend. Meist handelt es sich um Freilandprodukte. Das wirkt sich auf Duft und Geschmack aus. Eine Ausnahme bilden die meisten Pilze, insbesondere Champignons, die ebenso wie im deutschen Supermarkt

weiß und fade erscheinen. In Südafrika bekommt man fast nur grünen Spargel, weil mit dem Anbau des weißen erst kürzlich begonnen wurde. Besonders empfehlenswert sind Weintrauben, Melonen und Äpfel. Gemüse- und Obstarten entsprechen also durchweg dem normalen Angebot, doch einmalig am Kap sind *Cape Gooseberries*. Die kleinen, gelben Früchte werden hauptsächlich für Kuchen und Konfitüren gebraucht. Außerdem wachsen auf vielen Teichen ab Mai die *Waterblommetjies*. Die Blüten der seerosenähnlichen Wasserpflanze, die nur am Kap wächst, werden meistens zu einem Eintopf mit Lamm verarbeitet.

Eine andere südafrikanische Spezialität ist *Biltong*. Man sollte sich vom Aussehen nicht abschrecken lassen. Das gesalzene, gewürzte, an der Luft getrocknete rohe Fleisch, vom Rind, Wild oder Strauß, schmeckt gut. Biltong wird in Spezialgeschäften verkauft sowie in Metzgereien und Supermärkten. Dort hängen

Süße, saftige Früchte finden Sie das ganze Jahr auf jedem Markt

die getrockneten Filetstücke. Man sucht sich eines aus, das dann mit einer speziellen Maschine in kleine Stücke geschnitten wird. Zahnstocher werden mitgeliefert.

Trinken

Das Leitungswasser können Sie überall bedenkenlos trinken. Südafrika hat mit die besten Wasserwerte der Welt. Deshalb kam Mineralwasser erst in den letzten Jahren in Mode. Zu jedem Essen bestellen sich die Südafrikaner ein Glas Eiswasser, schon wegen der höheren Temperaturen. Das populärste alkoholische Getränk bei der schwarzen Bevölkerung ist Bier; Weiße trinken gern Brandy mit Cola, aber auch andere verlängerte harte Drinks. Gin, Rum, Wodka und Whisky — viele Schnäpse werden in Südafrika hergestellt oder zumindest abgefüllt. Obwohl das Land seit 300 Jahren Wein anbaut, haben die Südafrikaner erst in den letzten fünfzehn Jahren ihre Liebe dazu entdeckt. Die südafrikanischen Weine sind ausgezeichnet, für Weinliebhaber ist das Kapland ein Paradies. Die Reben wachsen unter idealen Bedingungen und werden von der Sonne verwöhnt.

Wenn man seine Reise am Kap beginnt, sollte man die Weinrouten von Franschhoek, Stellenbosch, Paarl oder Constantia abfahren. Bei den überall angebotenen Weinproben kann man dann schon die bevorzugten Tischweine für die Reise aussuchen. Hier einige Empfehlungen: *Meerlust*, hat nur Rotweine; *De Wetshof* und *Klein Constantia*, nur Weißweine; *Blaauwklippen*, *Boschendal*, *Le Bonheur*, *L'Ormarins*, *Nederburg*, *Rustenberg*, *Simonsig* und *Stellenryck* bieten Rot- und Weißweine.

Der lokale Kaffee entspricht nicht immer dem Geschmack der Besucher aus Europa. Doch häufig werden in Restaurants auch Espresso und Cappuccino angeboten. Vielleicht sollte man auch einmal den *Rooibos-Tee* probieren, den es nur in Südafrika gibt. Er wird aus hagebuttenähnlichen Früchten von Büschen gewonnen, die nur in der Nähe von Clanwilliam an der Westküste vorkommen.

Restaurants

Besonders in den Großstädten und den Ferienorten haben Sie eine große Auswahl. Die Küche ist international. Es gibt kaum eine Nationalität, die in Südafrika nicht vertreten ist. Viele Restaurants, vor allem kleine, haben allerdings keine Schanklizenz. Außerdem wird unterschieden zwischen einer Volllizenz und einer Lizenz, die nur den Ausschank von Wein und Bier gestattet. Wenn ein Lokal den Hinweis *unlicensed* trägt, kann und soll man sich seine eigenen alkoholischen Getränke mitbringen. Überall gibt es *Bottle-Stores*, Geschäfte für den Alkoholverkauf. Supermärkte verkaufen meist keinen Alkohol. Normalerweise wird man bei der Tischreservierung darauf hingewiesen, wenn ein Restaurant *not licensed* ist. Es empfiehlt sich übrigens, vor allen Dingen fürs Abendessen in den größeren Städten, immer einen Tisch zu reservieren. Man sollte beachten, daß einige Restaurants und Hotels speziell am Abend auf elegante Kleidung großen Wert legen.

Perlen und Schmuck erzählen eigene Geschichten

Fundgrube für ethnisches Kunsthandwerk, Diamanten und Straußenleder

Besonders beliebt als Andenken sind Kunst und Kunsthandwerk. Hier finden Sie in Südafrika ein vielfältiges Angebot, wenn man zur afrikanischen Kunst verzierte Kleidungsstükke, Schmuck und Handarbeiten wie Schnitzereien und Perlenarbeiten rechnet. Afrikanische Perlenarbeiten faszinieren, denn sie sprechen eine eigene Sprache, sie übertragen Botschaften. Zulus und Xhosa zum Beispiel schicken als Liebesbriefe kleine Teppiche aus Perlen, die an Sicherheitsnadeln hängen.

Die Auswahl ist groß, hier nur einige Tips von den Fertigkeiten verschiedener Bevölkerungsgruppen. Zulus: Sie machen kleine, mit Perlen bestickte Stoffpuppen, Vögel aus Tannenzapfen und *Kalabasch*, Gefäße aus Kürbisrinde, die mit Perlen überzogen sind. Typisch für die Xhosa ist die *Inxhili*, eine traditionelle Tasche in Weiß und Orange,

Markt in Kapstadt

die mit Perlen und Knöpfen bestickt ist, und *Isibinquo*, ein dreiviertellanger, bestickter Rock mit *Gilet*, dem passenden Oberteil. In dieser Art gibt es auch sehr schicke Tischdecken. Die lange, perlengeschmückte Pfeife nennt man *Inquawe*. Die Ndebele sind berühmt für ihre Lendenschürze, die von Männern wie Frauen getragen werden und die in der Größe unterschiedlich sind. Die Perlenstickerei auf Ziegenhaut zeigt, ob eine Frau verheiratet ist oder ob ein Jüngling schon die Männlichkeitsrituale hinter sich hat. Bis zu einem Meter hohe, aus Perlen gestickte Puppen sollen unter anderem Fruchtbarkeit und Männlichkeit verkörpern. *Nyoka* heißt bei den Ndebele der Kopfschmuck der Braut. Der Perlenschmuck, die Armreifen und Ketten sind sehr farbenfroh, und man sollte eine Gelegenheit suchen, bei der Fertigung einmal zuschauen zu dürfen.

Diese Andenken werden auf der Straße und in vielen Touri-

27

Berühmt für ihre Malkunst: die Ndebele-Frauen

billiger ist. Das stimmt nur mit Einschränkungen. Auch in Südafrika wird der Preis von Gold und Edelsteinen vom internationalen Markt bestimmt. Aber es lohnt sich unter Umständen doch, Schmuck zu kaufen. Man sollte nur zu einem Fachgeschäft (Master Goldsmith) gehen. Wenn der Schmuck handgearbeitet und in Südafrika hergestellt ist, lohnt sich der Kauf, weil die Arbeitslöhne viel niedriger sind als in Deutschland. Außerdem ist die Qualität der Juwelierarbeiten hervorragend, doch Vorsicht bei importiertem Schmuck, da werden auf den Preis noch 85 Prozent Luxus- und Importsteuer aufgeschlagen. Diamanten in den Top-Farben und Farbsteine sind oft preiswerter. Touristen wird die Mehrwertsteuer gegen Vorlage der Rechnung und des gekauften Gegenstandes an den Flughäfen zurückerstattet.

Da Südafrika das Land der Straußenzucht ist, lohnt es sich, Artikel aus dem genarbten Leder der großen Vögel zu kaufen. Die Auswahl an Hand- und Brieftaschen, Koffern, Portemonnaies und sogar Schuhen ist groß.

Die Geschäfte sind von montags bis freitags zwischen 8.30 und 17 Uhr und samstags von 8.30 bis 13 Uhr geöffnet.

Praktisch sind die Eckkioske, die es überall in den Städten und in jedem Dorf gibt. Sie werden Cafes genannt und öffnen morgens um 6 Uhr und schließen selten vor Mitternacht. Dort werden Zeitungen, Lebensmittel, Zigaretten, Süßwaren, alkoholfreie Getränke und vieles mehr verkauft. Häufig gehört auch ein Schnell-Imbiß dazu.

stengeschäften verkauft. In allen Großstädten finden am Wochenende Flohmärkte statt, auf denen die Anbieter ihre Phantasie und Kreativität beweisen. Viele der kleinen Kunstwerke entstehen in Werkstätten in den Armenvierteln. Wer sich für Antiquitäten und Trödel interessiert, sollte sich auf jeden Fall hier umschauen, denn man kann manches Schnäppchen machen.

An Straßenecken verkaufen häufig Kinder aus den schwarzen Townships Kunsthandwerk aus Draht und Blech, Windmühlen etwa oder Autos und Fahrräder. Diese Bastelkunst ist aus der Not der Kinder entstanden. Wenn die Kleinen Spielzeug haben wollen, müssen sie es sich selbst anfertigen.

Viele Besucher erwarten, daß der Schmuck in Südafrika, dem Land von Gold und Diamanten,

Karneval, Straßenfeste, Festivals

Buntes Folkloregemisch, Blütenpracht, Musik und Tanz machen südafrikanische Feste zu unvergeßlichen Erlebnissen

OFFIZIELLE FEIERTAGE

1. Januar *Neujahrstag*
21. März *Tag der Menschenrechte*
27. April *Tag der Freiheit*
16. Juni *Tag der Jugend*
9. August *Nationaler Frauentag*
24. September *Heritage-Tag*
16. Dezember *Tag der Versöhnung*
Falls einer dieser Feiertage auf einen Sonntag fällt, ist der folgende Montag der Feiertag.

RELIGIÖSE FEIERTAGE

Rund dreiviertel aller Südafrikaner gehören christlichen Kirchen an. Deshalb sind etwa Weihnachten, Ostern und Himmelfahrt im ganzen Land Feiertage. Andere werden meist nur von den jeweiligen Anhängern begangen. So sind in Kapstadt und Johannesburg an hohen jüdischen Festtagen viele Geschäfte geschlossen. Die Südafrikaner malaiischer Abstammung sind meist Muslime, die Inder in Natal zum größten Teil Hindus.

FESTIVALS UND LOKALE VERANSTALTUNGEN

1.–7. Januar
★ *Coon Carnival in Kapstadt:* Straßenkarneval der Coloureds (Mischlinge). Sie ziehen bunt gekleidet in Gruppen durch die Straßen, machen Musik mit Saiteninstrumenten und Saxophonen und tanzen dazu. Der Höhepunkt ist ein Wettbewerb im Green Point Stadium, bei dem die beste Band ermittelt wird. *Auskunft: Tel. 021/397 64 29*

März
Formel-1-Grand-Prix auf der Kyalami-Rennstrecke in Johannesburg.

Letztes Wochenende im März
Durban Fiesta und Harbor Festival: großes Stadtfest in Durban mit Grillpartys an den Stränden und einem großen Fest im Hafen.

März/April
Rand Show in Johannesburg: größte Verbrauchermesse des Landes.

Stammestänze sind bei vielen Festen alte Tradition

MARCO POLO TIPS FÜR FESTE

1 Coon Carnival in Kapstadt
Das Musikfest der soge-
nannten Coloureds ist ein
Höhepunkt der Feriensai-
son im Januar (Seite 29)

2 Steam Festival in Kimberley
Für das Fest putzt die Diamantenstadt ihre beein-
druckende Sammlung
alter Dampfloks (Seite 31)

Mit Landwirtschaftsshow, Kir-
mes und vielen Veranstaltungen.

31. Mai
Comrades Marathon: jährlich statt-
findender Lauf zwischen Pietermaritzburg und Durban oder
umgekehrt.

Juni
Grahamstown Art Festival: ein
Muß für Kulturinteressierte —
diese Tage sind gefüllt mit Theater, Film und Musik. *Auskunft: Tel.
0461/271 15*

Mitte Juni
Zululand Show: große Zulu-
Show kombiniert mit einer land-
wirtschaftlichen Ausstellung in
Eshowe.

Erstes Wochenende im Juli
Durban July: der Höhepunkt der
Pferderennsaison auf der Renn-
bahn Greyville in Durban.

**Nächstes Wochenende
zum 25. Juli**
Shembefest: religiöscs Fest der
Zulus in *Ekupakuneni* bei Durban mit Stammestänzen.

Letztes Wochenende im Juli
★ *Kimberley Steam Festival:* ein
Muß für Freunde der Dampflokomotive. An diesen Tagen führt
die Stadt ihre Sammlung vor.

Zulu beim Stadtfest in Durban

3. Woche im Oktober
Bloemfontein Rose Festival: Bei diesem Festival macht die Rosenstadt ihrem Namen alle Ehre.

**Letzter Mittwoch bis Samstag
im Oktober**
Stellenbosch Food and Wine Festival:
Hier hat man die Möglichkeit,
alle Weine dieser Gegend unter
einem Dach zu probieren.

Oktober
Jacaranda Carnival: Wenn die Ja-
carandabäume blühen, feiert
Pretoria ein Straßenfest.

Dritte Woche im Dezember
❂ *Rothmans Week:* Diese Segelre-
gatta von Kapstadt nach Saldana-
ha ist die größte in Südafrika.

31

Kontrastprogramm auf der Peninsula

Nirgendwo sonst in Südafrika liegen anmutige Buchten, sattes Weinland, gewaltige Bergketten und öde Wüste so nah beieinander

Die Kapprovinzen umfassen 60 Prozent der Landesfläche und bieten die größten landschaftlichen Kontraste Südafrikas: Vom Blumenparadiesen bis zur Wüste reicht das Spektrum der Sehenswürdigkeiten.

Die Kap-Halbinsel ist 51 Kilometer lang und nie breiter als 16 Kilometer. Mit den Bergketten, die an beiden Seiten von Ozea-

Kapstadt zu Füßen des Tafelbergs

nen gesäumt sind, ist die *Peninsula* allein schon eine Reise wert. Atemberaubend schön ist Kapstadt mit seinen exklusiven Vororten und dem Hafen in der Tafelbucht. Dem steht der Rest der Halbinsel in nichts nach mit ihren kleinen Fischerorten, wunderschönen Küstenstraßen, herrlichen Stränden, Naturschutzgebieten und — an der Südspitze — dem Kap der Guten Hoffnung. Sir Francis Drake beschrieb es als »das anmutigste Kap, das wir auf dem weiten Erdenrund sahen«.

Hotel- und Restaurantpreise

Hotels

Kategorie 1: über 100 Mark
Kategorie 2: 80—100 Mark
Kategorie 3: unter 80 Mark
Die Preise gelten für eine Person im Doppelzimmer mit Frühstück pro Nacht

Restaurants

Kategorie 1: über 50 Mark
Kategorie 2: 30—50 Mark
Kategorie 3: unter 30 Mark
Die Preise gelten für ein Essen mit Vor-, Haupt- und Nachspeise inklusive Alkohol.

Wichtige Abkürzungen

Ass.	Association	**Sq.**	Square
St.	Street	**Dr.**	Drive
Rd.	Road	**Ave.**	Avenue

In den nördlichen Vororten Kapstadts beginnt das Weinland mit seinen Landsitzen im kapholländischen Stil, umgeben von Weinfeldern. Hier wird seit über 300 Jahren hervorragender Wein angebaut.

Die Kapprovinzen schließen große Teile der Steppe *Karoo* ein. Wer die Einsamkeit mag, wird diese Landschaft lieben. Stille, Weite und Licht haben eine besondere Faszination, zum erstenmal hat man, von der Kapseite kommend, das Gefühl, in Afrika zu sein. Es ist eine ausgedehnte, mit kleinen Büschen bewachsene Halbwüste, in der Schafzucht betrieben wird. Das Fleisch der Karoo-Lämmer hat einen besonderen Geschmack.

Am Indischen Ozean ist das Kap verschwenderisch grün und fruchtbar. Es gibt mehr Wasser, als gebraucht wird. So entstand auch der Name der berühmten *Garden Route*. Er bedeutet nicht, daß hier ein Garten neben dem anderen liegt, sondern Garden Route bezeichnet eine landschaftlich besonders schöne Strecke. Wenn man aus der trockenen Karoo etwa über den Swartberg-Paß kommt und diesen Landschaftsgarten vor sich sieht, kann man sich keine bessere Beschreibung dafür vorstellen. Diese Küstenstraße ist am schönsten zwischen Mosselbay und der Mündung des Storm-Flusses, eine Strecke von 225 Kilometern. In Mosselbay landeten die ersten Europäer in der Geschichte Südafrikas. Nachdem Bartholomëu Diaz das Kap der Guten Hoffnung umfahren hatte, ging er hier vor Anker, um seine Wasserbestände aufzufrischen. Er

MARCO POLO TIPS FÜR DIE KAPPROVINZEN

1 Tafelberg
Mit einer Gondel werden Besucher auf den über 1000 Meter hohen Berg gebracht (Seite 38)

2 Cape of Good Hope
Dieses Kap hat großartige Aussichtspunkte mit Blick aufs Meer und die Kaphalbinsel (Seite 41)

3 Plettenberg Bay
Schönstes Seebad an der Garden Route (Seite 54)

4 Stellenbosch
Die zweitälteste Stadt Südafrikas ist der Mittelpunkt des Weinanbaugebietes (Seite 59)

5 Kirstenbosch – Botanischer Garten
Die beste Zeit für einen Besuch in dem botanischen Garten an den Hängen des Tafelbergs in Kapstadt ist der Frühling, also August bis Oktober (Seite 38)

6 Kalahari Gemsbok Park
Kenner halten ihn für den schönsten Tierpark im südlichen Afrika (Seite 52)

7 Cango Caves
Tropfsteinhöhlen bei Oudtshoorn, die zu den besonders reizvollen Höhlen der Welt gehören (Seite 48)

Die Mutterstadt Südafrikas, als schönste Stadt der Welt gerühmt

fand zwar in Mosselbay eine Quelle, wurde aber von den Hottentotten unfreundlich empfangen. Sie bewarfen ihn und seine Mannschaft mit Steinen. Zehn Jahre später, im Jahr 1488, empfingen sie Vasco da Gama freundlicher. In der ersten Geschäftsbeziehung tauschte da Gama Glasperlenschmuck gegen einen Bullen.

Port Elizabeth ist heute die Hochburg der Autoindustrie. Trotz zahlreicher anderer Industriebetriebe und einer ausgeprägten Wirtschaftsstruktur, zu der auch ein moderner Hafen beiträgt, ist die Stadt ein beliebtes Ferienziel. »PE.«, so die geläufige Bezeichnung, liegt an der Algoa-Bucht und hat herrliche Strände. Das gleiche gilt auch für East London, das seine Entwicklung deutschen Siedlern verdankt. Es ist die einzige Flußhafenstadt Südafrikas.

Der Reiz der Kapprovinzen liegt nicht zuletzt in ihrem landschaftlichen Reichtum. Die Westküste ist zum Beispiel viel trockener als »die Gärten« des Ostens. Wenn man zur Langebaan-Lagune kommt und die alten Fischerhütten von Churchhaven sieht, glaubt man ein griechisches Idyll entdeckt zu haben. Im Landesinneren, dem Namaqualand, wird die karge Landschaft im Oktober nach dem Regen in ein Blumenmeer verwandelt. Über Kilometer blühen Wildblumen in verschiedenen Farben. Diesen herrlichen Ausblick kann man am besten vom Van-Rhyn's-Paß genießen. Weiter im Norden wiederum liegt die faszinierende Kalahari-Wüste mit ihrem Wildpark und den berühmten Augrabies-Wasserfällen.

KAPSTADT

(**A 6**) Viele, selbst weitgereiste Besucher behaupten, Kapstadt sei die schönste Stadt der Welt. Und die Bewohner sind sowieso davon überzeugt. Von der besten Seite zeigt sich die Hafenstadt, wenn man mit dem Schiff ankommt: Der Anblick des Tafelbergs, im Sommer oft mit einem Tischtuch aus Wolken, das über den großen flachen Berg fällt und sich dann in warmer Luft auflöst, und der Stadt an den Hängen ist überwältigend. Ähnlich schön ist der Blick von Robben Island, einer ehemaligen Gefängnisinsel, die zum großen Teil Naturschutzgebiet ist. Dort kann die ehemalige Gefängniszelle von Nelson Mandela besichtigt werden. Auf der Stadtseite der Tafelbucht liegt der Hafen. Er wurde aufgrund des felsigen Bodens weit ins Meer gebaut, weil man anders nicht die nötige Tiefe bekommen hätte. Es wurden Piers ins Wasser gebaut und die Fläche dahinter mit Erde aufgeschüttet. Das gewonnene Land heißt *Foreshore*. Der älteste Teil des Hafens, das Victoria- und Alfred-Becken, ist heute ein Restaurant- und Unterhaltungsviertel.

Kapstadt ist die Mutterstadt Südafrikas, die älteste Stadt des Landes. Als Jan van Riebeeck 1652 mit seiner kleinen Flotte von drei Schiffen und 125 Pionieren, darunter vier Frauen, hier ankam, wollte die Niederländisch-Ostindische Handelskompanie keine Stadt gründen. Geplant war lediglich ein Nachschubhafen für die Schiffe auf dem Weg in den Osten. 27 Jahre nach der Ankunft lebten nur 700 Menschen in der Siedlung. Mit der Ernennung von Simon van der Stel zum Kommandanten wurde auch Einwanderern erlaubt, sich am Kap niederzulassen. In seiner 20jährigen Amtszeit verwandelte van der Stel den isolierten Handelsposten in eine florierende Kolonie.

Heute hat Kapstadt über zwei Millionen Einwohner. Es ist die zweitgrößte Stadt nach Johannesburg. Sie lebt hauptsächlich vom Tourismus und vom Hafen. Es ist auch die Parlamentshauptstadt Südafrikas. Als die Südafrikanische Union 1910 gegründet wurde, legte man fest, daß der Regierungssitz in Pretoria, aber das Parlament jedes Jahr für sechs Monate ab Februar in Kapstadt residieren sollte. So ziehen Minister, Sekretärinnen, Assistenten, alle mit ihren Familien in der schönsten Zeit des Jahres ans Meer. Mit ihnen kommen die Botschafter samt Personal. Jedes vertretene Land hat zwei Residenzen in Südafrika.

Die Kapstädter sind ein fröhlicher Menschenschlag mediterraner Prägung und verstehen es, das Leben zu genießen. Verwöhnt von der Schönheit der Umgebung und den vielen Gelegenheiten, sich einen netten Tag zu machen, verweigern sie sich dem Streß. Alles hat Zeit, und alles braucht Zeit. Die Besucher aus den anderen Landesteilen nennen diese Einstellung das Kap-Koma.

Schon mancher Geschäftsmann aus Johannesburg, für den Zeit Geld bedeutet, ist hier verzweifelt. Für jemanden, der gewöhnlich über die Stadtautobahnen Johannesburgs hetzt, ist es unverständlich, daß sich in Kapstadt niemand aufregt, wenn er Minuten in der engen City warten muß, weil eine alte Lady versucht einzuparken.

Castle of the Good Hope (I 5–6)

Diese Burg war die Residenz der ersten Gouverneure am Kap. Sie wurde 1666 gebaut und ist das älteste Gebäude Südafrikas. Es hat die Form eines fünfzackigen Sterns und wurde als Fort mit Kanonenschächten zum Schutz der ersten Siedler gebaut. Dort ist eine Afrikana-Sammlung untergebracht und außerdem ein Militär- und Heeresmuseum. *Castle St., tgl. 10–16 Uhr, Führungen tgl. um 10, 11, 12, 14 und 15 Uhr*

Company's Garden (G 4)

Neben der Groote Kerk beginnt die Government Avenue, eine eichengesäumte Fußgängerallee, die fast einen Kilometer lang ist. Sie verbindet die Innenstadt mit den Vororten am Fuße des Tafelbergs. Rechts liegt ein Park, der Company's Garden. Er wurde 1652 von Jan van Riebeeck angelegt, um die Schiffe mit frischem Gemüse versorgen zu können.

Groot Constantia (O)

Dieses historische Weingut ist das perfekte Beispiel kaphölländischer Architektur. Heute beherbergt es ein Museum für Möbel aus dem 17. Jh. sowie eine Gemälde- und Porzellansammlung. Im alten Weinkeller befindet sich ein Weinmuseum. Constantia-Weine wurden schon zu Zeiten Napoleons an den europäischen Höfen getrunken. *Es gibt ein Restaurant, und Weinprobe ist Mo—Fr 9—16.30 Uhr. Groot Constantia Rd., Museum tgl. 10—17 Uhr*

Groote Kerk (H 4)

Am Ende der Hauptstraße Adderley Street steht die älteste Kirche des Landes. Sie wurde 1704 fertiggestellt und 1841 wieder aufgebaut. Die Kanzel ist ein Werk des bekannten Bildhauers Anton Anreith. *Adderly St., Di—Sa 10.30—12 und 14—15 Uhr.*

Parlament und Tuynhuis (G—H 4)

Auf der linken Seite der Government Avenue sieht man die Rückseite des Parlaments, das in den Tagungsmonaten nach Voranmeldung besichtigt werden kann. Gleich daneben liegt das Tuynhuis, der Amtssitz des Präsidenten aus dem Jahre 1751, in einem botanischen Garten mit

Weingut Groot Constantia

Blumen und Bäumen aus aller Welt. *Führungen Juli—Jan. Mo—Fr 11—14 Uhr, Government Ave.*

St. George's Cathedral (H 4)

Kathedrale des anglikanischen Erzbischofs von Südafrika. Sie wurde von dem bekannten englischen Architekten Sir Herbert Baker gebaut, der einige Jahre in Südafrika gelebt hat. *Wale St.*

Tafelberg und Kirstenbosch-Botanischer Garten (O)

★ ❧ In fünf Minuten ist man mit der Seilbahn auf dem Gipfel des Tafelbergs, 1086 Meter über der Stadt. Die Aussicht ist atemberaubend. Man kann fast über die ganze Kap-Halbinsel blikken. Die Seilbahn fährt das ganze Jahr, vorausgesetzt, das Wetter spielt mit. Meist heißt das in Kapstadt, es darf nicht windig sein. *In den Monaten Dez.—April fährt die Bahn tgl. von 8—22 Uhr und von Mai—Nov. tgl. 8.30—18 Uhr. Mit Sicherheit weiß man, daß die Seilbahn fährt, wenn das grüne Licht auf dem Dach der Bergstation leuchtet. Station Tel. 021/24 51 48*

Gleich am Tafelberg, in Höhen zwischen 100 und 1000 Metern, liegt ein Nationalpark, der *Kirstenbosch-Botanische Garten.*

Auf 560 Hektar wachsen fast alle der 22 000 Pflanzen, die es in Südafrika gibt. Inmitten dieser Pracht liegt ein kleines Kaffeehaus mit guter Restauration. Die schönste Zeit für einen Besuch ist der Frühling, August bis Oktober. *Tgl. geöffnet von Sonnenaufgang bis Sonnenuntergang*

Victoria & Alfred Waterfront (L 2)

Noch immer wird der Hafen für seinen ursprünglichen Zweck genutzt, aber er wurde auch zu einer großen Attraktion für die Besucher der Stadt umgebaut: Benannt nach der englischen Königin Victoria und ihrem zweiten Sohn Alfred, der 1860 den Grundstein fürs neue Hafenbekken legte, sind hier Restaurants für jeden Geschmack, Museen, ein sensationelles Aquarium, Hotels, Theater und Kinos zu finden. In den beiden Einkaufszentren hat jedes gute Kapstädter Geschäft eine Filiale. Besonders schön ist es, den Sonnenuntergang bei einem Glas Wein am Quai zu beobachten oder von einem Segelboot bei einer Sunset-Kreuzfahrt: *Tel. 021/ 418 23 69*

MUSEEN

Koopmans-de-Wet House (I 4)

Das Haus in der Strand Street zeigt das kulturelle Leben Kapstadts im 18. Jahrhundert. Eine der schönsten Sammlungen von kapkolonialen Möbeln. *35 Strand St., Di—Sa 9.30—16.30 Uhr*

Mayibye Centre for History and Culture in South Africa (O)

In diesem Museum, das in einem Teil der University of the Western Cape *in Bellville* untergebracht ist,

werden Bilder, Poster und Fotos der Apartheidsgeschichte ausgestellt. *Modderdam Rd.*

Südafrikanisches Museum (G 4)

Das naturgeschichtliche Museum liegt am Ende des Botanischen Gartens. Besonders interessant ist die Abteilung über das Leben der Buschmänner. *Queen Victoria St., tgl. 10—17 Uhr*

RESTAURANTS

Africa Cafe (O)

Hier wird Ihnen die Küche des afrikanischen Kontinents geboten. *213 Lower Main Rd., Tel. 021/ 47 95 53, Kategorie 3*

Biesmiellah (H 3)

❂ In einem historischen Haus im Bo-Kap ist das Biesmiellah untergebracht. Die Gäste werden ermutigt, die authentisch malaiischen Gerichte mit Händen zu essen. Alkohol ist aus religiösen Gründen nicht erlaubt. *Ecke Wale und Pentz St., Tel. 021/23 08 50, Kategorie 3*

Blues (O)

❀ Von hier aus hat man einen schönen Blick auf Meer, Strand und Palmen. *The Promenade, Victoria Rd./Camps Bay, Tel. 021/ 438 20 40, Kategorie 3*

Brass Bell (O)

Das Restaurant ist für seine Fischgerichte bekannt und liegt direkt am Wasser. *Kalk Bay Harbor, Tel. 021/788 54 56, Kategorie 2*

Buitenverwachting (O)

Zu den besten in der Stadt, wenn nicht im Land, gehört das Restaurant auf dem Weingut Buitenverwachting. *Klein Con-*

*stantia Rd., Tel. 021/794 35 22, Ka-
tegorie 1*

Floris Smit Huis   **(H 2–3)**
Flottes Lokal in der Innenstadt,
wo sich die Schönen und die
Schicken treffen. *55, Church St.,
Tel. 021/23 34 14, Kategorie 2*

La Perla   **(O)**
Beliebtes Fischlokal in Sea
Point direkt am Meer. Durchge-
hend geöffnet. *Ecke Beach und
Church Rd., Tel. 021/434 27 71,
Kategorie 2*

Kapstadt hat das größte unterir-
dische Einkaufszentrum der süd-
lichen Hemisphäre, das *Golden
Acre*. Der *Green-Market Square*, ein
Marktplatz aus dem 17. Jh., bietet
einen Flohmarkt *(tgl. außer So)*.
Dort wird ethnisches Kunst-
handwerk angeboten. In der
Fußgängerzone der St. George's
Street und den angrenzenden
Passagen sind die elegantesten
Geschäfte. Antiquitäten und Trö-
del werden in Church und Long
Street verkauft.

Flohmarkt in Green Point   **(O)**
Jeden Sonntag bieten Verkäufer
aus allen Teilen des Landes auf
dem Parkplatz vor dem Stadion
ihre Waren an.

The Bay   **(O)**
Ein modernes Hotel, das direkt
an einem der schönsten Strände
in Camps Bay liegt. Kein Zimmer ist kleiner als 40 Quadrat-
meter. Die Penthouse Suite ist
die bei weitem teuerste Über-
nachtungsmöglichkeit in ganz
Südafrika. *Beach Rd., Tel. 021/
438 44 44, Fax 438 44 43, Kategorie 2*

The Breakwater Lodge   **(L 1)**
Billig und zentral kann man hier
gleich neben der Waterfront
wohnen. *Portswood Rd., Tel. 021/
406 19 11, Fax 406 10 70, Kategorie 3*

**The Cellars Country
House Hotel**   **(O)**
Exklusives Hotel in der Weinge-
gend Constantia. Nebenan liegt
der Botanische Garten von Kirstenbosch. *15, Hohenort Ave., Tel.
021/794 21 37, Fax 794 21 49, Kategorie 1*

Mount Nelson   **(O)**
Dieses Kolonialhotel der Luxusklasse aus dem Jahre 1899 liegt
inmitten eines großen Parks in
der Nähe der Innenstadt. Hier
hat schon Winston Churchill als
Kriegsberichterstatter während
des Burenkriegs seinen Tee auf

Die Marco Polo Bitte

Marco Polo war der erste Weltreisende. Er reiste in fried-
licher Absicht, verband Ost und West. Er wollte die Welt
entdecken, fremde Kulturen kennenlernen, nicht zerstören.
Könnte er für uns Reisende des 20. Jahrhunderts nicht Vorbild sein?
Aufgeschlossen und friedlich sollte unsere Haltung auf Reisen
sein. Dazu gehören auch Respekt vor Mensch und Tier und die
Bewahrung der Umwelt.

WWF

der Terrasse getrunken. *Orange St., Tel. 021/23 10 00, Fax 24 74 72, Kategorie 1*

Im Hafen kann man Segelboote oder Hochseeyachten mieten, *Buchungen über Tel. 021/ 418 23 69.* Auch Tiefseefischen wird angeboten *(021/64 22 03).* An vielen Stränden kann man wellenreiten und windsurfen *(Tel. 021/419 18 14).* Wer in Kapstadt Golf spielen möchte, wendet sich an Royal Cape Golf Club, *Tel. 021/761 65 51*

Clifton (O)

Von den vielen Stränden Kapstadts sind die vier Clifton-Strände die schönsten. Immer windgeschützt, laden sie zum Sonnenbaden und Wellenreiten ein. Schwimmen ist nur für Mutige, das Wasser im Atlantischen Ozean wird auch im Sommer nie wärmer als 17 Grad.

AM ABEND

Am meisten ist in den Lokalen der Waterfront im Hafen oder in Sea Point los. Hier gibt es so viele Restaurants wie das Jahr Tage hat und einige — nicht sehr empfehlenswerte — Nachtclubs. Auf dem Signal Hill kann man aus 300 Metern Höhe Kapstadt bei Nacht sehen.

AUSKUNFT

Captour (I 4)
Adderley St., Tel. 021/418 52 14, Fax 418 52 27

ZIELE IN DER UMGEBUNG

Bloubergstrand (A 6)
Hier fand 1806 die Schlacht zwischen Briten und Buren statt, die zur endgültigen Besetzung des Kaps führte. Man hat einen herrlichen Blick auf den Tafelberg und Kapstadt. Den Namen hat der Ort bekommen, weil der Tafelberg von hier aus häufig in blauem Dunst zu sehen ist. Der Strand bietet ideale Bedingungen für Windsurfer und Angler. In eine alte Fischerhütte ist das *Restaurant Ons Huisie* eingezogen, das bekannt ist für seine Fischspezialitäten. *Standler Rd., Tel. 021/56 15 53, Kategorie 2*

Überwältigend ist der Blick von Bloubergstrand auf den Tafelberg

Cape of Good Hope (A 6)

★ ◈ Das Kap der Guten Hoffnung liegt an der südlichen Spitze der Kap-Halbinsel, umgeben von einem Naturschutzgebiet. (Übrigens: Es ist entgegen landläufiger Meinung nicht die Südspitze Afrikas.) Als Bartholomëu Diaz das Kap zum ersten Mal umsegelte, nannte er es das Kap der Stürme. Weil es dort sehr oft windig ist, sollte man sich vor einem Ausflug nach dem Wetter erkundigen. Vom Parkplatz fährt ein Bus die Besucher bis auf 40 Meter an den *Cape Point* heran. Die letzten Meter, 133 Stufen, muß man laufen. Oben angekommen, bietet sich ein atemberaubender Blick aufs Meer mit der *False Bay* und der Kap-Halbinsel. Der alte Leuchtturm am Cape Point aus dem Jahre 1836 ist schon lange nicht mehr in Betrieb. Etwas unterhalb steht der neue, der jedes Jahr über 20 000 Schiffen den Weg um das Kap weist. Schön ist ein Picknick an einem der vielen Strände des Naturreservats, oder man kehrt auf dem Weg zurück im *Camel Rock Restaurant* ein, das im winzigen Ort Scarborough liegt.

Chapman's Peak Drive (A 6)

◈ Der Weg von Hout Bay zum Kap der Guten Hoffnung führt über diese Küstenstraße. Sie gehört zu den schönsten der Welt. Anfang der 20er Jahre wurde sie in den Fels gehauen. Auf zehn Kilometern Länge, mit steilen Felsen über sich, dem tosenden Meer unter sich, bietet sich dem Besucher eine spektakuläre Aussicht. In Nordhoek, einem kleinen Ort unterhalb der Bergkuppe des Chapman's Peak, kann man Pferde mieten.

Simonstown (A 6)

Die Stadt war früher der größte Flottenstützpunkt der Briten in der südlichen Hemisphäre. Sie erinnert noch immer sehr an eine englische Hafenstadt, obwohl Simonstown heute das Hauptquartier der südafrikanischen Kriegsmarine beherbergt. Die Hauptstraße gilt als historische Meile: 21 Häuser sind über 150 Jahre alt.

CALEDON

(B 6) Die Quellen von Caledon, sechs warme und eine kalte, zogen schon um die Jahrhundertwende Besucher aus Europa an. 1946 wurde ein großartiges viktorianisches Hotel durch Feuer völlig zerstört. Erst 1990 wurde an den Quellen wieder ein Hotel eröffnet. In der Umgebung von Caledon gibt es ausgedehnte Wandermöglichkeiten.

BESICHTIGUNG

Victoria Wild Flower and Garden Reserve

Wer diesen Wildblumengarten besucht, sollte einen halben Tag dafür einplanen. Hier kann man auf zehn Hektar eine unglaubliche Blumenpracht genießen. *Mo–Sa 8.30–17 Uhr*

MUSEUM

Caledon Museum

Hier wird gezeigt, wie Südafrikaner in der viktorianischen Zeit wohnten. Eine der neun Kanonen, die früher die Farmer der Gegend zu ihrer Verteidigung bereitgestellt haben, steht vor dem Museum. *11, Krige St., Mo bis Fr 8–17 Uhr, Sa 9–12 Uhr*

Overberger

In diesem Landhotel kann man im viktorianischen Bad das warme Quellwasser genießen. *Nerina Ave., Tel. 0281/412 71, Fax 412 70, Kategorie 3*

Caledon Municipality

22, Plein St., Tel. 0281/215 11

Arniston (Waenhuiskrans) (B 6)

Den alten Fischerort umgeben eindrucksvolle Dünen. Etwa einen Kilometer entfernt sind riesige Höhlen, die man bei Ebbe erforschen kann. *Direkt am Strand gelegen ist das Arniston Hotel, Tel. 028 47/590 00, Fax 596 33, Kategorie 2.*

Cape Agulhas (B 6)

Das Kap ist wirklich der südlichste Punkt Afrikas, wenngleich diese Spitze weitaus weniger spektakulär ist als das Kap der Guten Hoffnung. Der portugiesische Name Agulhas bedeutet Nadeln und bezieht sich auf die vielen kleinen spitzen Felsen und Riffe, die für die Schiffe überaus gefährlich sind. Der Leuchtturm aus dem Jahre 1848 kann täglich zwischen 11 und 15 Uhr besichtigt werden. Nachts warnt er die vorbeifahrenden Schiffe mit einem Licht, das der Leuchtkraft von elf Millionen Kerzen entspricht.

Hermanus (B 6)

Dieser Ferienort gehört zu den beliebtesten Südafrikas. Für Kapstädter ist er ein Ausflugsziel

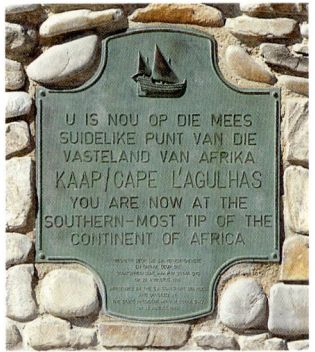

Der südlichste Zipfel des Kontinents: Cape Agulhas

am Wochenende. Besonders in den Sommermonaten herrscht hier also Hochbetrieb. Hermanus ist wunderschön gelegen mit romantischen Stränden. Die Lagune *De Mond* an der Mündung des Kleinflusses ist ein Paradies für Wassersportler. Unter Anglern gilt dieses Gebiet als einer der besten Fischgründe. Dort treffen sich außerdem zwischen Juli und November die Wale, um sich zu paaren und ihre Jungen zur Welt zu bringen. Am Hafen liegen das schöne *Hotel The Marine, Tel. 0283/70 10 00, Fax 70 01 60, Kategorie 3,* und *das beste Restaurant des Ortes, The Burgundy, Market Square, Tel. 0283/228 00, Kategorie 2.*

Sir Lowry's-Pass (B 6)

Der Paß bietet ein traumhaftes Panorama. Gleich an der Straße liegt das Howhoek Inn, das älteste Hotel Südafrikas. Es war früher eine Station, wo die Pferde ausgewechselt wurden. Die historischen Gebäude sind von einem herrlichen Garten umgeben. *Tel. 02824/496 46, Fax 491 12, Kategorie 3*

EAST LONDON

(**E 5**) In East London (160 000 Ew) machen auch die Einheimischen gerne Urlaub, was sehr verständlich ist bei den wunderschönen Stränden und durchschnittlich sieben Stunden Sonne am Tag. Die Stadt markierte zu Beginn der Kolonialzeit die Grenze zwischen Engländern und Xhosa-Stämmen. Eine Fülle von Grenzkriegen zwischen 1779 und 1838 hat sehr vielen Kriegern das Leben gekostet. Die Xhosa waren so verzweifelt, daß sie sich auf die Prophezeiung eines neunjährigen Mädchens verließen. 1856 weissagte ihnen Nongquase, daß alle Weißen von den Ahnen ins Meer getrieben würden, wenn die Xhosa nur alle ihre Vorräte und Tiere als Opfer bringen würden. Daraufhin verhungerten 20 000 Menschen, und die 40 000 Überlebenden mußten ihr Land verlassen.

Bis zum Eintreffen von 2400 deutschen Siedlern im Jahr 1857 war East London hautpsächlich Militärstützpunkt. Die Deutschen sollten eigentlich für Königin Victoria im Krim-Krieg kämpfen, doch dann landeten sie in der britischen Kolonie Südafrika. Ihr Einfluß ist noch heute an den Städtenamen der Umgebung zu erkennen: Berlin, Hamburg, Braunschweig und viele andere.

BESICHTIGUNGEN

German Settlers' Memorial

Denkmal für die ersten deutschen Siedler. Der Bildhauer Lipschitz schuf aus Bronze eine Familie, Vater, Mutter und Kind, die ihre deutsche Heimat verlassen. *Esplanade*

Hafen

Das John Baillie Memorial erinnert an den Mann, der hier als erster die britische Flagge hißte. *Führungen durch den Hafen veranstaltet die Greater East London Publicity Ass., City Hall, Oxford St., Tel. 0431/260 15*

MUSEUM

East London Museum

Das naturgeschichtliche Museum ist weltbekannt wegen des Coelacant, eines Urfischs, dessen vier Flossen wie Beinstümpfe aussehen. Bevor er 1938 gefangen wurde, glaubte man, diese Art sei vor 60 Millionen Jahren ausgestorben. Außerdem hat das Museum das einzige Drontenei der Welt. Es handelt sich um ein Ei des Dodo-Vogels, der schon seit langem ausgestorben ist. Eine anthropologische Abteilung veranschaulicht Stammestraditionen der Xhosa-Völker aus den benachbarten Gebieten der Transkei und der Ciskei. *319, Oxford St., Mo—Fr 9.30—17 Uhr, Sa 9.30—12 Uhr*

RESTAURANT

The Prawn Inn

Besonders in der Nähe des Hafens gibt es sehr gute Fischrestaurants, wie zum Beispiel das Prawn Inn. *Cliffort St., Tel. 0431/ 242 53, Kategorie 2*

EINKAUFEN

Lock Street Goal

In den früheren Zellen dieses Gefängnisses, das 1880 gebaut wurde, sind heute Geschäfte untergebracht, in denen Kunsthandwerk und Souvenirs verkauft werden. Todeszellen und Galgen können noch besichtigt werden. Die letzte Hinrichtung fand 1935 statt. *Lock St.*

Kennaway
Direkt am Meer liegt das Kennaway. *Beach Front, Tel. 0431/ 255 31, Fax 213 26, Kategorie 2*

Tauchen
Tauchen kann hier zur Schatzsuche werden. Auf engem Raum drängen sich eine ganze Reihe von Wracks. Allein am 26. Mai 1872 versanken sieben Schiffe vor East London. *Auskunft Tel. 0431/249 21*

Windsurfen, Segeln
Am Bridal Drift Dam gibt es hervorragende Möglichkeiten zum Windsurfen, Segeln und Kanufahren. Hütten werden für Übernachtungen angeboten. *Tel. 0431/254 24*

The East London Publicity Association
Old Library Building, Argyle St., Tel. 0431/260 15

King Williams Town (**D 5**)
Diese Stadt war ursprünglich eine Missionsstation. Im Jahre 1835 wurde sie von Xhosa-Stämmen zerstört. Nachdem die Engländer einen Militärstützpunkt angelegt hatten, kamen die Missionare zurück und gründeten die Stadt. 1858 trafen 2000 deutsche Siedler ein, in der Hoffnung auf ein besseres Leben. Doch viele verhungerten. Heute zeigt das *Kaffrarian Museum* die geschichtliche Entwicklung der Gegend unter dem Einfluß der Engländer, Xhosa und Deutschen. Im *South African Missionary Museum* wird ein Einblick in die Arbeit der Missionare im südlichen Afrika geboten.

Wild Coast (**E 5**)
Die Wild Coast ist die Küste der Transkei. Die Strände erstrecken sich über 250 Kilometer. Ihr Name ist irreführend, denn sie sind sicher und gehören zu den schönsten Südafrikas. Zwischen den grünen Hügeln liegen überall an Lagunen und Flüssen die weißen Rundhütten der Xhosa. Ein größerer Ort dieser Gegend ist Port St. Johns, ein Hafenstädtchen an der Mündung des Umzimvubu-Flusses.

Show Houses

Eine beliebte Sonntagsbeschäftigung der Südafrikaner ist der Besuch eines »Show-Houses«. Die verkaufswilligen Eigentümer dieser Häuser erlauben Maklern am Sonntagnachmittag, sie Interessenten zu zeigen. Aber auch viele Neugierige, die keineswegs ihre Wohnsituation verändern wollen, werden durch große Schilder vor den Häusern oder aufwendige Anzeigen angelockt. Es gibt doch nichts Schöneres, als zu sehen, wie andere Leute leben.

Man kann auf den Felsen und Kliffen spazierengehen, wo Frauen Fische und Austern für wenig Geld verkaufen. An der wilden Küste liegt auch das *Wild Coast Sun Hotel*, eines der schönsten dieser Gruppe in Südafrika. Es bietet nicht nur gepflegte Gastronomie, sondern auch Spielkasinos und einen Golfplatz direkt am Meer. *Zwischen den Mündungen der Flüsse Umtavuna und Mzamba gelegen, Tel. 0471/591 11, Fax 529 24, Kategorie 1*

FRANSCHHOEK

(**B 6**) In einem wunderschönen Tal liegt dieser kleine Weinort. Er wurde im Jahre 1688 von 200 Hugenotten gegründet, die Frankreich aus Glaubensgründen verlassen mußten. Sie nannten ihre neue Heimat *Le Quartier Français* – das französische Viertel. Viele kamen aus den französischen Weinanbaugebieten, und wegen des ähnlichen Klimas entschlossen sie sich, hier ebenfalls den Weinanbau zu versuchen. Die Besitzer der Weingüter in und um Franschhoek haben sich heute zu den *Vignerons de Franschhoek* zusammengeschlossen. Auf

Huguenot Museum, Franschhoek

fast allen Anwesen werden Weinproben angeboten. *Auskunft über Tel. 021/876 20 86*

BESICHTIGUNGEN

Franschhoek Pass

Wohl der schönste Bergpaß der Gegend. Er bietet eine herrliche Aussicht über das Tal. Die ersten Siedler nannten ihn den Elefantenpaß, weil Elefanten- und andere Tierherden hier auf einem Trampelpfad über den Berg kamen.

Haute Provence

Dieses Weingut ist bekannt für gute Weine zu günstigen Preisen. Die Weinproben finden in einem schönen Raum statt, wo der Besitzer Peter Younghusband seine Sammlung bekannter südafrikanischer Maler aufgehängt hat. Er ist ein international bekannter Journalist. *Tel. 021/876 31 95*

MUSEUM

Huguenot Memorial Museum

Es zeigt die Geschichte der Hugenotten und der ersten Siedler. *Lambrecht St., Mo–Sa 8–17 Uhr, So 14–17 Uhr*

RESTAURANTS

Haute Cabrière

Über ihrem, in den Berg gebauten Weinkeller haben Hildegard und Achim von Arnim dieses wunderschöne Restaurant eingerichtet. Im Hintergrund die Felsen, nach vorne eine herrliche Aussicht über das Franschhoek-Tal. Zum Essen gibt es die bekannten Cabrière-Weine. *Pass Rd., Tel. 021/876 36 88, Kategorie 2*

La Petite Ferme

❧ Das Ausflugslokal liegt am Franschhoek-Paß. Hier kann man beim Tee oder beim Mittagessen die Aussicht genießen. Besonders zu empfehlen: Die Franschhoek-Lachsforelle (Salmon Trout). *Pass Rd., Tel. 021/876 30 16, Kategorie 3*

HOTEL

Le Quartier Français

Ein kleines Landhotel, das gleich hinter dem Restaurant liegt. *Berg St., Tel. 021/876 21 51, Fax 876 31 05, Kategorie 2*

AUSKUNFT

Franschhoek Tourist Information

La Maison Antique, Huguenot Rd., Tel. 021/876 36 30

ZIELE IN DER UMGEBUNG

Boschendal (B 6)

Dieses Weingut ist eines der prächtigsten Südafrikas. Es liegt im landschaftlich schönen Drakensteintal. Das Anwesen wurde von der Hugenottenfamilie de Villiers gegründet, die hier 200 Jahre lang bis Ende des letzten Jahrhunderts gelebt hat. Heute gehört es dem Mineralienkonzern Anglo-American. Das Gutshaus ist ein *Museum*, das wie das traditionelle Wohnhaus einer Kap-Familie eingerichtet ist.

Geöffnet tgl. 11–16 Uhr. Daneben liegen *ein Restaurant und eine Weinstube*, wo man die Boschendal-Weine, die weit über Südafrikas Grenzen hinaus bekannt sind, probieren kann. *Tel. 021/874 12 52, Kategorie 2.* Im Sommer kann man sich unter den alten Bäumen des Anwesens mit einem Picknick verwöhnen lassen. *Kategorie 3. Weinprobe Mo–Fr 8.30–17 Uhr, Sa 8.30–12.30*

Paarl (B 6)

Paarl ist die größte Stadt im Landesinneren des Kaps. Sie wurde 1717 gegründet und hat ihren Namen von einem gewaltigen Felsen, der bei einem bestimmten Sonnenstand wie eine Perle glänzt. Im Ort liegt die größte Winzergenossenschaft des Landes KWV. Die Wein- und Weinbrandkeller in der *Kohler Street* sind die größten der Welt. *Führungen und Weinproben Mo, Mi und Fr 11 und 15.45 Uhr, Di und Do 9 und 14.15 Uhr.* Gleich gegenüber liegt das *Laborie Restaurant*, das zur traditionellen Küche die Weine der Paarl-Weinstraße anbietet. *Tel. 021/877 30 95, Kategorie 3.* Paarl spielte eine entscheidene Rolle bei der Entwicklung der Sprache Afrikaans. Die *Paarl Publicity Ass., Tel. 021/872 38 29, 216, Main Rd.,* bietet Besuchern Führungen durch das historische Paarl. Das *Hotel Grande Roche* ist eines der ältesten Weingüter der Stadt. Hier verbindet sich Tradition mit 5-Sterne-Komfort und der besten Küche des Weinlandes. *225, Main St., Tel. 021/876 33 727, Fax 876 32 22 20, Kategorie 1*

Tulbagh (B 6)

Die kleine historische Stadt liegt mitten im Obstanbaugebiet. Sie ist bekannt für ihre vielen kapholländischen Häuser. Jedes Gebäude in der Church St. steht unter Denkmalschutz. Während eines Erdbebens im Jahre 1969 wurde Tulbagh fast ganz zerstört. Mit viel Liebe und großem finanziellen Aufwand haben die Einwohner alles wieder aufgebaut. Die Oude Kerk, die alte Kirche, beherbergt eine Stuhlsammlung aus verschiedenen Jahrhunderten. Es handelt sich um die früheren Kirchenstühle, und einige tragen noch die Namen der Personen, für die sie reserviert waren. ⚡ Ein ganz besonderes Restaurant am Kap ist in Tulbagh das *Paddagang*. Das bedeutet Froschübergang — über den Ursprung wird gestritten. Man kann im Garten unter Bäumen und Weinlaub, umgeben von Rosen, die traditionellen Gerichte des Kaplands probieren. *Church St., Tel. 02136/30 02 42, Kategorie 3*

GEORGE

(**C 6**) Die Hauptstadt der Garden Route liegt am Fuße der Outeniqua-Berge. Sie ist umgeben von einer traumhaft schönen, parkähnlichen Landschaft direkt am Meer. Vom Landesinneren kommt man über den Montagu- oder Outeniqua-Paß, den italienische Kriegsgefangene des Zweiten Weltkriegs gebaut haben. Beim Spaziergang durch die Hauptstadt lohnt sich ein kurzer Stopp an der alten Bücherei in der York Street. Eine der alten Eichen vor dem Gebäude steht unter Denkmalschutz, der *Old Slave Tree*, an dem früher die Sklaven verkauft wurden. Beachtenswert ist auch die hübsche *St. Marks Cathedral*. Sie soll die kleinste Kathedrale des Kontinents sein.

BESICHTIGUNG

Outeniqua Choo Tjoe

Mit der alten Dampfeisenbahn kann man eine herrliche Fahrt durch Tunnel, über Lagunen, an Seen und am Meer entlang nach Knysna genießen. Ein Tagesausflug, der nur an Wochentagen geboten wird und in den Ferien auch samstags. Eine Strecke dauert drei Stunden. *Tickets am Bahnhof*

MUSEUM

George Museum

Dieses Museum ist ein altes Gerichtsgebäude. Hier erfährt der Besucher viel über Holz und Holzverarbeitung. Aus der Gegend kommen originelle Möbelstücke, die aus den afrikanischen Holzarten *Yellowwood* und *Stinkwood* gefertigt werden. Es gibt auch eine Sammlung antiker Musikinstrumente. *Old Drostdy Building, Courtenay St., Mo—Fr 9—16.30 Uhr, Sa 9—12.30 Uhr*

RESTAURANTS

Copper Pot

◈ Ist bei den Einheimischen besonders beliebt. *Multi Center, Mead St., Tel. 0441/74 31 91, Kategorie 2*

Old Town House

Im Old Town House sollte man unbedingt Fisch essen. Besonders empfehlenswert ist die Seezunge. *Market St., Tel. 0441/74 36 63, Kategorie 2*

HOTEL

Fancourt

Ein wunderschöner Landsitz aus dem Jahre 1860. Das Hotel ist umgeben von einem Golfplatz, den der legendäre südafrikanische Golfprofi Gary Player entworfen hat. Die Anlage mit 27

Löchern steht Gästen zur Verfügung. *Montagu St., Tel. 0441/70 82 82, Fax 70 83 52, Kategorie 2*

SPIEL UND SPORT

George ist bei Besuchern nicht nur wegen seiner schönen Strände am Indischen Ozean beliebt, sondern auch wegen seiner Wandermöglichkeiten. Victoria Bay ist Wellenreitern in aller Welt bekannt.

AUSKUNFT

George Information Service
Civic Centre, Tel. 0441/74 40 00

ZIELE IN DER UMGEBUNG

Cango Caves (**C 6**)
★ Die riesigen unterirdischen Gewölbe gehören zu den faszinierendsten Tropfsteinhöhlen der Welt. Sie sind 25 Millionen Jahre alt. Dem Besucher bietet sich ein einmaliges Zusammenspiel aus Farben und Formen. *Eine Führung dauert zwei Stunden. Tgl. um 9, 11, 13 und 15 Uhr*

Mosselbay (**C 6**)
Vor der Küste dieses beliebten Hafen- und Ferienorts wurde vor einigen Jahren nach 20jähriger Suche Öl gefunden. Im 16. Jahrhundert wurde in Mosselbay die erste Post Südafrikas eingerichtet: Ein Seemann hängte ein Bericht über seine Reise in einem Stiefel an einen Milkwood-Baum. Sein »Brief« wurde später von anderen Seeleuten gefunden. Bis heute erhalten die Briefe, die hier in den stiefelförmigen Kasten geworfen werden, einen eigenen Poststempel. Neben dem Post-Office-Baum ent-

springt noch immer die Quelle, aus der Diaz seine Wasserbestände aufgefüllt hat. Für Seefahrt-Interessierte ist das *Bartholoméu Diaz-Museum* einen Besuch wert. *Mo–Fr 9–12.30 und 14–15.45 Uhr.* Die Stadt verdankt ihren Namen den Muscheln, die schon vor 400 Jahren von Seeleuten geschätzt wurden. *Zwischen Mosselbay und Oudtshoorn liegt das empfehlenswerte Landhotel Eight Bells on the Mountain Inn, an der National Road zwischen Mosselbay und Oudtshoorn, Tel. 0444/95 15 44, Fax 95 15 48, Kategorie 2*

Oudtshoorn (**C 6**)
Oudtshoorn ist das traditionelle Weltzentrum der Straußenzucht. Nirgendwo, behaupten die Farmer, werden diese Vögel so erfolgreich gezüchtet wie hier. Schon vor dem Ersten Weltkrieg verdienten die Farmer mit Straußenfedern, die damals in der Mode unverzichtbar waren, ein Vermögen. Noch heute ist die Nachfrage groß. Alle neun Monate müssen die Tiere ihre Federn lassen. Ein Kilo kommt dabei pro Strauß zusammen. Außer den Federn erfreut sich auch das Straußenleder großer Beliebtheit, das zu Schuhen, Handtaschen, Gürteln und vielen anderen Dingen verarbeitet wird. Der älteste Strauß in Oudtshoorn – so wird erzählt – wurde 81 Jahre alt. Es gibt zwei Farmen, die Führungen anbieten. *Highgate, Tel. 0443/22 71 15, und Safari, Tel. 0443/22 73 11, beide Farmen sind täglich geöffnet von 7.30–17 Uhr.* Probieren Sie auch ein Straußensteak oder ein Omelett aus einem Straußenei. Das *C. P. Nel Museum* schildert die Geschichte der Straußenzucht.

Oudtshoorn ist das Weltzentrum der Straußenzucht

Baron von Rheede St., Mo—Sa 14 bis 17 Uhr, So 14.30—17 Uhr

GRAAFF-REINET

(**C 5**) Es gibt nur zwei Städte auf der Welt, die mitten in einem Naturreservat liegen. Eine davon ist Graaff-Reinet; umgeben vom *Karoo Nature Reserve*, wird die Stadt oft das Juwel der Karoo genannt. Graaff-Reinet zählt zu den ältesten Städten Südafrikas. Gründungsjahr ist 1786. Sie wurde nach dem Gouverneur Cornelis Jacob van der Graaff und seiner Frau Cornelia Reinet benannt. Der Stadtkern gleicht einem großen Freilichtmuseum. Hier spiegelt sich die Architektur der letzten 200 Jahre wider, vom einfachen Flachbau, der Karoo-Hütte, über die kapholländischen Anwesen mit ihren stolzen Giebeln, hin zu den Häusern aus der viktorianischen Ära. Alle Gebäude wurden mit viel Aufwand restauriert. Heute gibt es über 300 Häuser, die älter als jene in Johannesburg sind.

MUSEUM

Reinet-Haus und Museum

Dem Besucher werden hier eine umfangreiche Sammlung kapholländischer Möbel und eine Fahrzeugsammlung gezeigt. *Murray St., Mo—Fr 9—12 und 15 bis 17 Uhr, Sa und So 10—12 Uhr*

HOTEL

Drosty Hotel

Das Hotel ist in einem der ältesten und sicher dem schönsten Haus Graaff-Reinets untergebracht. Der bekannte Architekt Thibauld, dessen Werken man immer wieder bei einer Rundreise durch die Kapprovinzen begegnet, entwarf das Haus als Sitz der Nationalversammlung. Nach Jahrzehnten baulicher Verschandelung und Vernachlässigung wurde in den 70er Jahren mit der Restaurierung begonnen. Heute ist es wieder so wie 1806. Als Gast fühlt man sich in diese Zeit zurückversetzt, besonders beim Abendessen, das im ehemaligen

Huberta

Im Kaffrarian Museum in Kingwilliamstown steht ein ausgestopftes Nilpferd. Nichts Besonderes, könnte man meinen, aber von 1928 bis 1931 hat Hubert, so wurde es getauft, die ganze Nation beschäftigt. Zuerst tauchte es in Zululand auf, von dort machte es sich auf einen Hunderte von Kilometern langen Weg, hauptsächlich nach Süden, aber mit vielen Richtungsänderungen. Hubert tauchte zu den unmöglichsten Zeiten an den seltsamsten Plätzen auf — einmal stand das Tier morgens in der Stadtmitte von Durban. Es starb einen gewaltsamen Tod. Von einem Farmer versehentlich erschossen, wurde es von seinen Fans nachträglich in Huberta umbenannt, nachdem festgestellt worden war, daß es sich um eine Nilpferddame handelte.

Gerichtssaal bei Kerzenlicht serviert wird. *28, Church St., Tel. 0491/221 61, Fax 245 82, Kategorie 3*

AM ABEND

🚶 In den beiden Bars des Hotels trifft man abends die Farmer der Umgebung. Besonders mittwochs wird immer etwas Besonderes geboten, zum Beispiel Can-Can-Tanzen auf dem Tresen.

AUSKUNFT

Graaff-Reinet Publicity Association
Church St., Tel. 0491/224 79

ZIELE IN DER UMGEBUNG

Karoo Nature Reserve   (B–C 4)
In diesem 27 000 Hektar großen Park leben hauptsächlich Springböcke, aber auch anderes Wild. Inmitten des Parks liegt das 🌿 Tal der Einsamkeit, *Valley of Desolation*, ein geologisches Phänomen. Es ist mehr eine Schlucht als ein Tal. Die Zeit scheint hier vor einer Ewigkeit stehengeblieben zu sein; die Erosionen entstanden vor über 200 Millionen Jahren. Von hier hat man eine hervorragende Aussicht über die Gegend. Das Mitnehmen von Fossilien wird mit hohen Geldstrafen geahndet.

KIMBERLEY

(**D 4**) Als ein Kind im Jahre 1866 einen glitzernden Stein an den Ufern des Oranje-Flusses fand, konnte niemand ahnen, daß sich daraus der größte Diamantenrausch aller Zeiten entwickeln und hier die Diamantenstadt Südafrikas entstehen würde. Der erste Diamant — Eureka genannt — hatte 21,75 Karat. Er ist heute noch im Minen-Museum zu besichtigen. Zunächst suchten nur die Einwohner fieberhaft die Ufer ab, aber dann kamen immer mehr Glücksritter aus aller Welt. Die Suche nach den edlen Steinen lohnte sich für viele nicht nur am Fluß, sondern auch in der Erde. Am Anfang war Kimberley nichts als eine Zeltstadt für mehrere zehntausend Diamantengräber, die ihr den Namen *New Rush*, neuer Rausch, gaben. Zu dieser Zeit, um 1870, gruben

30 000 Menschen im sogenannten *Big Hole*, dem größten von Menschenhand geschaffenen Krater der Welt. Er hat einen Umfang von 4572 Metern und einen Durchmesser von 1,5 Kilometern. In 43 Jahren wurden in diesem Riesenloch drei Tonnen Diamanten gefunden. Das Zeltlager entwickelte sich zu einer kleinen Stadt. Im Jahre 1873 gab man ihr den Namen Kimberley. Etwa zur gleichen Zeit wurden auf der *De-Beers-Farm* Diamanten gefunden. Dieser Name ist bis heute untrennbar mit Diamanten verbunden, der weltumspannende Johannesburg-De-Beers-Konzern hat seine Ursprünge in Kimberley. Schillernde Persönlichkeiten kamen, um ihre Vermögen zu machen. Wie zum Beispiel der Pfarrerssohn Cecil Rhodes und der Kleinschauspieler Barney Barnato aus England. Sie machten aus Kimberley eine hochentwickelte Stadt, mit der ersten elektrischen Straßenbeleuchtung in Südafrika und einer Straßenbahn, der ersten Börse und einer Flugschule. Die Diamantenstadt Kimberley ist wohl die Geburtsstätte des südafrikanischen Wohlstands.

BESICHTIGUNGEN

Big Hole und Kimberley-Museum
Neben dem Krater wurden Teile der Stadt zur Zeit des Diamantenrausches nachgebaut. Es gibt Aussichtspunkte mit Blick auf das große Loch. Im Diamantenpavillon ist die wahrscheinlich weltgrößte Sammlung an Rohdiamanten untergebracht. Der einfach »616« genannte Stein ist mit 616 Karat der größte ungeschnittene Diamant, den es überhaupt gibt. *Bulfontein St., tgl. 8–18 Uhr*

Bulfontein Diamond Recovery Plant
Eine moderne Diamantenmine. *Molyneux Rd., Tel. 0531/296 51, Führungen tgl. 9 und 11 Uhr*

Steam Locomotive Shunting Yards
Auf dem alten Rangiergelände und dem Witput-Bahnhof kann man 40 alte Dampflokomotiven aus Kimberley besichtigen. *Oliver St., Richtung Süden. Information Tel. 0531/288 20 61*

Tram-Service
Die Straßenbahn aus dem Jahr 1913 verkehrt täglich mehrmals zwischen dem Big Hole und der City Hall. Fahrkarten gibt es in der Bahn, tgl. 9–16 Uhr

MUSEUM

McGregor Museum
Das Haus wurde von Rhodes als Sanatorium gebaut. Heute zeigt es, wie die Diamantenkönige Ende des letzten Jahrhunderts in Kimberley gelebt haben. *Eggerton Rd., Mo–Fr 9–17 Uhr, Sa 9–13 Uhr, So 14–17 Uhr*

RESTAURANTS

Halfway House Hotel Drive In Pub
Der Pub wurde 1880 eröffnet. Damals kam der Gast zu Pferde, heute nimmt er dort seinen Drink, ohne das Auto zu verlassen. *229, Du Toitspan Rd., Tel. 0531/251 51, Kategorie 3*

Star of the West Pub
Die Bar gehört zu den ganz alten in Südafrika. Es gibt noch einen

speziell für Cecil Rhodes angefertigten Barhocker. *On the Tram Route, Tel. 0531/264 63, Kategorie 3*

HOTELS

Kimberley Club
Der Club gehört zu den ältesten Südafrikas. Der Gast fühlt sich zurückversetzt in die Zeiten der ersten Diamantenfunde. *70/72, Du Toitspan Rd., Tel. 0531/242 24, Fax 282 61, Kategorie 3*

Savoy Hotel
Stattliches Hotel mit dem Charme der Alten Welt und dem Komfort der Neuen. *De Beers Rd., Tel. 0531/262 11, Kategorie 2*

AUSKUNFT

Kimberley Publicity Office
City Hall, Old Main St., Tel. 0531/272 98

ZIELE IN DER UMGEBUNG

Augrabies Wasserfälle **(B 4)**
Die Wasserfälle haben ihren Namen aus der Hottentottensprache. Die Bezeichnung »Ort des großen Geräusches« bezieht sich auf die erste Stufe, wo der Oranje-Fluß 56 Meter tief in eine 20 Meter breite Schlucht stürzt. Der Einsturzsee ist 130 Meter tief, und es gibt das Gerücht, daß auf seinem Boden ein Vermögen an Diamanten liegt, das der Fluß angeschwemmt hat. Allerdings: Die Gewalt der herunterstürzenden Wasser macht Tauchversuche zwecklos.

Barkly West **(D 4)**
Hier begann die Jagd auf die Funkler, und noch heute trifft

man gelegentlich auf Diamantensucher. Wer sein Glück versuchen möchte, kann zwischen Juni und September bei der örtlichen Polizei eine Genehmigung bekommen. Samstags bringen die Digger ihre Funde in die Stadt, um sie zu verkaufen. Hier ist ein archäologisches Freilichtmuseum, wo hauptsächlich Funde, die bei der Diamantensuche entdeckt worden sind, ausgestellt werden. *Tgl. geöffnet, 9—16 Uhr*

Kalahari Gemsbok Park **(B 3)**
★ Der Park ist das größte unberührte Ökosystem der Welt. Zusammen mit dem Botswana Nationalpark hat er eine Fläche von über zwei Millionen Hektar. Hier tummeln sich unter anderem Löwen, Geparde und Füchse, die die Herden von Gemsböcken, Springböcken und Antilopen jagen. Den Park kann man das ganze Jahr besuchen, aber empfehlenswert ist die Zeit von März bis Mai oder im September und Oktober. In drei Camps werden Hütten zur Übernachtung angeboten. *Tel. 012/343 19 91*

KNYSNA

(C 6) Dieser charmante und farbenfrohe Ort ist eines der sehr beliebten Ziele an der Garden Route. Knysna liegt wunderschön zwischen Bergen mit riesigen Wäldern, einer großen Lagune und dem Meer. Die Stadt wurde 1804 von George Rex gegründet. Sein aufwendiger Lebensstil nährte das Gerücht, daß er der illegitime Sohn des englischen Königs George III. war, und daß er, nachdem sein Vater überraschend König geworden war,

Plettenberg Bay, hier säumen luxuriöse Ferienhäuser die Bucht

Großbritannien verlassen mußte. Eines der George-Rex-Schiffe durchfuhr als erstes die Verbindung zwischen Lagune und Meer, die von zwei großen Sandsteinfelsen – den *Knysna Heads* – flankiert wird. In der 13 Quadratkilometer großen Lagune werden Austern gezüchtet, die zu den besten der Welt gehören.

ein Dschungel. Neben vielen Vogelarten leben hier auch die wenigen Knysna-Elefanten, die es heute noch gibt.

BESICHTIGUNGEN

King Edward Tree
Der riesige Yellowwood-Baum ist 600 Jahre alt, hat einen Umfang von sechs Metern und eine Höhe von 40 Metern. Er steht im Knysna Forest.

Knysna Forest
Dieser Wald, der größte Südafrikas, erstreckt sich von George ostwärts entlang den Outeniqua- und Tsitsikamma-Bergen über 170 Kilometer. Neben vielen Yellowwood-Bäumen wachsen hier auch die wertvollen Stinkwood-Bäume, die zum Teil bis zu 800 Jahre alt sind. Der Wald ist an einigen Stellen so dicht wie

MUSEUM

Millwood House Museum
Ausstellung über die Geschichte der Stadt und George Rex. *Quenens St., Mo–Fr 10–12 Uhr*

RESTAURANTS

Jetty Tapas
⊙ Das Probieren der Austern ist ein Muß. Direkt am Pier liegt das Restaurant Jetty Tapas. *Thesens Jetty, Tel. 0445/21927, Kategorie 3*

La Loerie
Das La Loerie hat seinen Namen von dem berühmten Vogel dieser Gegend. *Main Rd., Tel. 0445/21616, Kategorie 2*

Pink Umbrella
Gartenrestaurant, nur im Sommer geöffnet, zum Mittagessen oder Tee. *King's Way Leisure, Tel. 0445/22731, Kategorie 3*

Belvidere House

Sehr gutes Hotel in einem historischen Landhaus mit Blick über die Lagune und die Wälder. *Belvidere Estate, Tel. 0445/87 10 55, Fax 87 10 59, Kategorie 2*

Portland Manor

Anwesen oberhalb von Knysna inmitten eines Parks mit eigenem See. *Via Rheenendal Rd., Tel. 0445/48 04, Fax 48 63, Kategorie 3*

SPIEL UND SPORT

Elephant Walk

21 Kilometer langer Wanderweg durch die Knysna-Wälder. Die Route beginnt in Knysna und ist gut ausgeschildert. Wenn man nicht 6 Stunden gehen möchte, gibt es auch zwei kürzere Wege.

Hausboote

Die Lagune bietet Wassersportmöglichkeiten aller Art. Ein besonderes Erlebnis ist die Übernachtung auf einem der Hausboote, die vermietet werden. *Lightley's in Bluewaters, Tel. 0445/87 10 26, Kategorie 3*

AUSKUNFT

Knysna Publicity Association

40, Main St., Tel. 0445/216 10

ZIELE IN DER UMGEBUNG

Plettenberg Bay (C 4)

★ Der portugiesische Entdecker Mesquita da Perestrelo gab dem Ort im Jahre 1576 den Namen *Bahia Formosa*, schöne Bucht. 1778 kam der damalige Gouverneur Joachim von Plettenberg hierher. Er war so begeistert, daß er der Gegend seinen Namen gab. Heute ist Plettenberg Bay ein exklusives Seebad mit drei herrlichen Stränden, die sich über elf Kilometer erstrecken. Das flache warme Wasser ist an einigen Stellen besonders für Kinder geeignet. Durchschnittlich scheint an 320 Tagen im Jahr die Sonne. Zwischen Juli und September bringen die Wale in dieser Bucht ihre Jungen zur Welt.

Die ehemalige Walfangstation ist heute ein *3-Sterne-Hotel*, das *Beacon Island*. Das architektonisch spektakuläre Gebäude liegt auf einer Landzunge, umgeben vom Meer, in dem sich Wale und Delphine tummeln. *Tel. 04457/311 20, Fax 338 80, Kategorie 2*. Oberhalb des Strandes mit weitem Blick über den Indischen Ozean liegt das *Plettenberg*. Es ist sehr elegant, kleiner und intimer als das Beacon Island. *Tel. 04457/320 30, Fax 320 74, Kategorie 1*. Es gibt zwei empfehlenswerte *Restaurants* in dem kurz »Plett« genannten Ort, eines ist das *Islander*, das mit zu den besten Fischrestaurants Südafrikas gehört, *Tel. 04457/77 76, Kategorie 2*. Und im anderen, *The 7 Cellars*, ist schon das Lesen der Weinkarte ein Vergnügen. *Tel. 04457/320 60, Kategorie 3*

Tsitsikamma Küsten-Nationalpark (C 6)

Dieser Park erstreckt sich über 100 Kilometer von Plettenberg Bay bis zur Mündung des Groot Rivers. Das Schutzgebiet schließt nicht nur den Küstenstreifen ein, sondern auch eine 5-Kilometer-Zone des vorgelagerten Meeres. Landeinwärts liegt der Tsitsikamma Forest Nationalpark, wo ein Stück der ursprünglich riesigen Wälder der Gegend erhalten ist. Beeindruckend ist die ◆ *Paul-Sauer-Brükke.* 192 Meter lang überspannt sie den Stormsriver in 139 Meter Höhe. Der Blick von hier ist phantastisch. Wer in dieser schönen und grünen Landschaft eine Nacht verbringen möchte, kehrt ein im *Tsitsikamma Forest Inn, Stormsriver, Tel. 042/541 17 11, Fax 541 16 69, Kategorie 3*

LANGEBAAN

(**A 5**) Dieser kleine Ort liegt am Anfang der Langebaan Lagune, die 16 Kilometer lang, fünf Kilometer breit und nur sechs Meter tief ist. Es ist ein Vogelparadies, in dem im Sommer bis zu 55 000 Vögel leben, unter anderem Flamingos und Kormorane. Wassersportler, Angler und Taucher schätzen Langebaan als Ferienort, nicht zuletzt wegen des warmen Wassers.

BESICHTIGUNG

Churchhaven

Romantisches kleines Fischerdorf mit alten Häusern an der Lagune.

HOTEL

Farmhouse Langebaan

Das Hotel ist teilweise in einem alten Farmhaus untergebracht, das einen eindrucksvollen Blick über die Lagune bietet. Von der Terrasse kann man Flamingos und Delphine beobachten. *5, Egret St., Tel. 02287/220 62, Fax 219 80, Kategorie 3*

ZIEL IN DER UMGEBUNG

Saldanha (**A 5**)

Diese Stadt wurde nach einem der ersten portugiesischen Generäle benannt. Er kam mit seinem Schiff 1503. Hätte er damals hier Wasser gefunden, wäre Saldanha heute eine viel bedeutendere Hafenstadt als Kapstadt. Denn die Bucht bietet einen der größten Naturhäfen der Welt, sie liegt außerdem ideal für den Export von Eisenerz. In den Restaurants in der Hafengegend kann man vorzügliche einfache Fischgerichte bekommen. *Führungen durch den Hafen sind jeden Mittwoch um 10 Uhr, Ladeterminal, Tel. 02281/355 72 95*

MATJIESFONTEIN

(**B 5**) Dieses viktorianische Dorf liegt am Rand der Karoo — das bedeutet in der Hottentottensprache »Dürre«. Pflanzen wachsen hier so spärlich, so daß nur Schafzucht möglich ist. An den typischen Windrädern kann man erkennen, wo erfolgreich nach Wasser gebohrt worden ist. Manche der Schaffarmen sind fast so groß wie deutsche Bundesländer.

Matjiesfontein war ursprünglich ein kleiner Bahnhof für die Bauern der Umgebung. 1876 ließ sich der junge Schotte James Douglas Logan hier nieder. Seit seiner Kindheit litt er an einer Lungenkrankheit, die in dem trockenen Klima geheilt wurde. Deshalb war er entschlossen, Matjiesfontein zum Kur- und Ferienort auszubauen. Und er war erfolgreich. Noch heute ist der Ort weitgehend so erhalten wie zu Logans Zeiten, als Besu-

Unvergeßlich bleibt eine Fahrt mit dem Luxuszug Blue Train

cher wie Lord Randolph Churchill und der Sultan von Sansibar hierherkamen. Der durchfahrende *Blue Train* begrüßt Matjiesfontein häufig mit einem Signal, das von den Gästen der einzigen, gemütlichen Bar lautstark erwidert wird.

MUSEUM

Mary Rawdon Museum

In diesem kleinen Museum werden Stücke aus dem Burenkrieg gezeigt. *Logan St., Mo–Sa 9–9.30 und 17–17.30 Uhr, So 9.30–10.30 und 17–17.30 Uhr*

HOTELS

Lord Millner

In den Räumen dieses eleganten Hotels fühlt man sich um 100 Jahre zurückversetzt. Das stilvolle Abendessen wird männlichen Gästen nur serviert, wenn sie eine Krawatte tragen. Sehr vornehm. *Logan St., Tel. 02372 nach Nr. 52 03 fragen, Kategorie 2*

Die Losieshuis

Wahrscheinlich ist es das älteste Haus in Matjiesfontein. Dort sind auch Kinder willkommen. Die Regeln des Restaurants sind nicht so streng. *Logan St., Tel. 02372/52 03, Kategorie 3*

AM ABEND

Laird's Arms

Trinken Sie ein Bier in dem viktorianischen Pub!

ZIEL IN DER UMGEBUNG

Karoo (B–C 4–5)

Die Region ist 395 200 Quadratkilometer groß. Sie umfaßt damit ein Drittel Südafrikas. Geologen beschreiben sie als eines der Naturwunder dieser Welt, besonders wegen der Fossilien, die bis zu 240 Millionen Jahre alt sind. Bei einer Fahrt durch das weite stille Land erlebt man wunderschöne Sonnenuntergänge und einen phantastischen Sternenhimmel.

PORT ELIZABETH

(**D 6**) Obwohl die Engländer schon im Jahre 1799 ein Fort bauten, wurde erst 1820 eine Siedlung in Port Elizabeth eingerichtet. Den Namen hat die Stadt nach der Ehefrau ihres Gründers, Sir Rufane Donkin. Sie war zwei Jahre vor seiner Ankunft in Südafrika im Alter von 28 Jahren in Indien gestorben. In Südafrika wird der Ort meist nur »PE« genannt. Die Stadt (500 000 Ew) hat große wirtschaftliche Bedeutung. Sie hat nicht nur einen wichtigen Hafen, sondern ist auch das traditionelle Zentrum der südafrikanischen Automobilindustrie. Mercedes, Opel und Volkswagen haben große Fabriken in »PE« aufgebaut. Aber Port Elizabeth besteht nicht nur aus Industrie und Hafen, sondern ist auch ein beliebtes Ferienziel. Die Stadt erstreckt sich über 16 Kilometer entlang der Algoa-Bucht, mit herrlichen Sandstränden.

BESICHTIGUNGEN

Apple Express

Diese Dampflock zuckelt auf einer Schmalspurstrecke über 283 Kilometer von Port Elizabeth durch das Obstanbaugebiet nach Loerie in Long Kloof. ❧ Einen herrlichen Blick hat man von der Van-Staden-River-Brükke. *Humewood Road Station, Karten im voraus bestellen. Auskunft Tel. 041/507 23 33, die Bahn fährt an jedem zweiten Wochenende des Monats.*

Campanile

❧ Der Turm erinnert an die Landung der britischen Siedler. Er ist 53 Meter hoch und bietet eine gute Aussicht über die Stadt. *Am Eingang zu den Hafendocks. Das Spiel der 23 Glocken erklingt tgl. um 8.22, 13.32 und um 18.02 Uhr. Mo, Di, Do—Sa 9—13 und 14—16 Uhr, Mi 8—12.30*

Donkin Reserve

Dieser Park mitten in der Stadt wurde schon 1820 vom Gründer Port Elizabeths zu einer für alle Zeiten unbebaubaren Zone erklärt. Eine Steinpyramide erinnert mit dieser Inschrift an seine Frau: »Sie war eines der vollkommensten menschlichen Wesen, das der Stadt ihren Namen gab«. *Belmont St.*

Snake Park

Der Schlangenpark ist in einem Gebäudekomplex mit dem *Ozeanarium* untergebracht, wo jeden Tag Delphine und Seehunde vorgeführt werden. Im *Tropical House* leben Vögel, Reptilien und Fische in tropischer Vegetation, und im *Night House* sind Nachttiere bei künstlichem Mondlicht untergebracht. Die Schlangen haben noch ihre Giftzähne. Sie werden »gemolken«, um aus dem Gift Serum herzustellen. *Humewood Strand, tgl. 9—13 und 14—17 Uhr, Delphin Shows tgl. 11 und 15 Uhr*

MUSEEN

Humerail Museum

Vom Campanile kann man mit der Schmalspurdampflok *Dias Express* an den King's Beach, den Strand, fahren. Das Ticket schließt einen Museumsbesuch ein. Außer alten Eisenbahnen und Kutschen wird auch ein Besuch der Werkstätten angeboten, wo Eisenbahnen, die noch in Be-

Zentrum der Autoindustrie und beliebtes Reiseziel: Port Elizabeth

trieb sind, repariert werden. *Humewood Rd., Mo—Fr 7.30—16 Uhr, Sa und So 10—16 Uhr*

Kulturhistorisches Museum

Das Museum ist in einem der ältesten Häuser von »PE« aus dem Jahre 1827 untergebracht. Es zeigt Möbel aus dieser Zeit und eine Puppensammlung. *7, Castle Hill, So und Mo 14—17 Uhr, Di—Sa 10—13 und 14—17 Uhr*

RESTAURANTS

De Kelder

Wie in allen Ferienorten gibt es eine große Auswahl an Fischrestaurants. Besonders De Kelder ist bekannt für die Qualität der Meerestiere. *Strandpromenade, Tel. 041/53 27 50, Kategorie 2*

St. Georges

Im ältesten Park der Stadt, dem St. Georges Park, kann man in einem Restaurant selben Namens ein Mittagessen oder eine Tasse Tee genießen. *Tel. 041/52 26 02, Kategorie 3*

EINKAUFEN

Greenacres und das Bridge Shopping Center in der Cape Road sind die größten Einkaufszentren Afrikas unter einem Dach.

HOTELS

Edward Hotel

Das Edward liegt in der Altstadt, am Donkin Reserve, mit einem schönen Blick auf Hafen und Stadt. *Belmont Terrace, Tel. 041/56 20 56, Fax 56 49 25, Kategorie 3*

Walmer Gardens Hotel

Nur fünf Minuten vom Flughafen entfernt liegt dieses kleine Hotel. Es ist von einem schönen Garten umgeben. *1 oth Ave., Tel. und Fax 041/51 43 22, Kategorie 3*

SPIEL UND SPORT

Tauchen

In den Gewässern um Port Elizabeth liegen viele Schiffswracks, somit ist es ein Paradies für Taucher. Auskunft bei *Ocean Divers International, Tel. 041/55 27 23*

Tiefseefischen

Wer lieber tiefseefischen möchte, kann Genaueres bei *Owen Charsley, Tel. 041/55 30 89*, erfahren.

Windsurfen

Die Ausrüstung für Windsurfer wird an fast allen Stränden vermietet. *Tel. 041/55 24 80*

AUSKUNFT

Tourist Information
Donkin Lighthouse Building, Tel. 041/5 21 13 15

ZIELE IN DER UMGEBUNG

Addo Elephant Park   (D 6)

Der Naturpark liegt nur 72 Kilometer von Port Elizabeth entfernt. Auf rund 9000 Hektar Buschland leben fast 200 Elefanten, die hier gezüchtet werden, nachdem ihre Vorfahren in den 20er Jahren fast ganz ausgerottet worden waren. Am besten sieht man die Elefanten am Morgen gegen 10 Uhr an den Wasserlöchern. Sie sind etwas kleiner als ihre Artgenossen im Krüger Park. Außer Elefanten gibt es im Park auch Nashörner und Büffel und eine große Vielfalt an Vogelarten. Für Übernachtungen werden Rundhütten angeboten. *Der Park ist das ganze Jahr geöffnet, die Tore werden jeden Abend um 19 Uhr geschlossen.*

Diaz-Kreuz   (D 6)

Es ist eine Nachbildung des von Bartholomëu Diaz 1488 in Kwaaihoek errichteten Kreuzes. *Kwaaihoek, Nähe Beknesstrand*

Mountain Zebra National Park   (D 5)

Dieser Naturpark liegt im Amphitheater der Nordhänge des Bankbergs. Er wurde 1937 eingerichtet, um das Überleben des Bergzebras zu sichern. Mit Erfolg. 1964 gab es nur noch 25 Zebras, heute ist die Zahl auf über 200 gestiegen. Außerdem beheimatet der Park viele andere Tierarten. Für Übernachtungen werden Chalets angeboten. *Auskunft Tel. 0481/24 27 und 012/343 19 91*

St. Francis Bay   (D 6)

✪ 🏄 ⚓ In einer großen Bucht liegen die beliebten Feriengebiete St. Francis Bay, Cape St. Francis, Paradise Beach und Aston Bay. Es gibt kaum einen besseren Platz zum Muschelsuchen als diese einsamen Strände. An der Mündung des Kromme-Flusses liegt St. Francis Bay. Man kann zwölf Kilometer flußaufwärts fahren. Dort finden sich meistens viele Angler ein. Im Mündungsbereich wurde ein Kanalsystem angelegt, an dem Ferienhäuser stehen. Am schönsten ist der Strand, wo besonders die Wellenreiter auf ihre Kosten kommen. Sie behaupten, hier die gleichmäßigsten und perfektesten Wellen der Welt zu finden. Diese Bucht war schon Austragungsort für Weltmeisterschaften. Am Strand liegt das *Cape St. Francis Holiday Resort, Tel. 0423/94 04 20, Kategorie 2*

STELLENBOSCH

(B 6) ★ Stellenbosch ist die zweitälteste Stadt Südafrikas (36 000 Ew.). Simon van der Stel war bei einem seiner Ausflüge von Kapstadt so von diesem Tal angetan, daß er beschloß, eine Siedlung zu gründen. So entstand der Ort im Jahre 1679 und wurde nach van der Stel benannt. Bei einem Spaziergang durch die eichengesäumten Straßen fühlt man sich in die Gründerzeit zurückversetzt, weil der historische Stadtkern so gut erhalten beziehungsweise restauriert ist. Die großartige, im gotischen Stil erbaute Kirche *Moederkerk* stammt aus dem Jahre 1863. In der Stadtmitte ist ein Platz mit einer großen Wiese, die Braak. Hier wurden früher Paraden veranstaltet. Die hübschesten und ältesten Häuser der Stadt umgeben die Braak.

Das 1918 zur Universitätsstadt erklärte Stellenbosch hat das schönste Universitätsgebäude des Landes, genannt Victoria College, aus dem Jahre 1886. Die Umgebung von Stellenbosch heißt Boland, eine herrliche Berglandschaft mit fruchtbaren Tälern. Inmitten der Weinfelder liegen die kapholländischen Güter. Viele der örtlichen Weine werden von zwei Genossenschaften in Stellenbosch hergestellt und vertrieben.

BESICHTIGUNGEN

Bergkelder

Hier werden viele der sehr guten Weine Südafrikas hergestellt. *Mo–Sa um 10 und 15 Uhr Führungen durch die Weinkeller mit anschließender Weinprobe, Tel. 021/ 887 24 40*

Dorp Street

Die älteste Straße der Stadt mit den meisten unter Denkmal-

schutz stehenden Häusern. Zum größten Teil stammen sie aus dem 19. Jahrhundert, wie zum Beispiel die Lutherische Kirche aus dem Jahre 1851. Heute beherbergt sie die Kunstgalerie der Universität. Auch einige der alten Eichen in dieser Straße stehen unter Denkmalschutz.

MUSEEN

Stellenryck Wine Museum

Außer dem Weinmuseum kann man hier auch eine Sammlung kapholländischer Möbel besichtigen. *Dorp St., Mo–Sa 9–12.45 und 14–17 Uhr, So 14.30–17.30 Uhr*

Village Museum

Das Museum zeigt in vier Häusern, die aus verschiedenen Epochen stammen, wie die Bürger Stellenboschs zwischen 1709 und 1850 gelebt haben. Das *Schreuder-Haus* aus dem Jahre 1710 wurde von dem Deutschen Sebastian Schröder gebaut. Es ist das älteste Stadthaus Südafrikas. Das *Bletterman-Haus* ist im Stil der Jahre 1760 bis 1780 eingerichtet. Das neoklassizistische, doppelstöckige *Grosvenor-Haus* repräsentiert den Stil der ersten Jahrzehnte des 19. Jahrhunderts. Und das Bergh-Haus war das Heim von Marthinus Bergh und seiner Familie, die hier um 1850 lebte. *Ryneveld St., Mo–Sa 9–17 Uhr, So 14–17 Uhr*

RESTAURANTS

Doornbosch

In einem alten Haus untergebracht, bietet sich dieses Restaurant mit seiner weinbewachsenen Terrasse an schönen Tagen an. *Strand Rd., Tel. 021/886 61 63, Kategorie 2*

EINKAUFEN

Oom Samie Se Winkel
Ein typisches Dorfgeschäft aus dem letzten Jahrhundert. *84, Dorp St.*

HOTEL

D'Ouwe Werf
Dieses Hotel gehört zu den alten Traditionshäusern Südafrikas. *Tel. 021/887 16 08, Fax 887 46 26, Kategorie 3*

Lancerac Hotel
Außerhalb der Stadt auf einem prächtigen Weingut gelegen. *Tel. 021/887 11 32, Fax 887 23 10, Kategorie 2*

AM ABEND

Oude Libertas Centre
Im Freilichttheater werden im Sommer Opern-, Ballett- und Theaterstücke aufgeführt. Die Besucher bringen sich ganz selbstverständlich Decken und Picknickkörbe mit. *Adam Tas Rd., Tel. 021/808 74 74, Dez.–April*

AUSKUNFT

Stellenbosch Publicity Association
De Witthuis, 30, Plein St., Tel. 021/883 35 84

ZIELE IN DER UMGEBUNG

Meerlust (A–B 6)
Zwischen Kapstadt und Stellenbosch liegt dieses Weingut, das seit acht Generationen im Besitz der Familie Myburgh ist. Die Gebäude gelten als schönste Beispiele kapholländischer Architektur. Hier werden die besten südafrikanischen Rotweine gekeltert und verschiedene Grappa-Sorten. Das Gut kann man nur nach Voranmeldung besuchen. *Tel. 021/843 35 87*

Stellenbosch Weinroute (B 6)
✪ Im 12-Kilometer-Umkreis von Stellenbosch haben über 20 Weingüter ihre Tore für Touristen geöffnet. Auskunft über das *Stellenbosch-Wine-Route Office, 30, Plein St., tgl. 9–17 Uhr, Tel. 021/886 43 10.* Wer die Weinstraßen nicht allein erkunden möchte, vertraut sich am besten den *Vineyard Ventures an, Tel. 021/434 88 88, Fax 434 99 99.*

Besichtigen Sie die Weingüter rund um Stellenbosch!

Farmland im Herzen Südafrikas

Mais- und Getreideanbau, Wanderidyll und Wildparks auf weiten Hochebenen

Der Freistaat ist umgeben von den Nordprovinzen, KwaZulu/Natal und den Kapprovinzen. So wie Natal »englisch« ist, ist der Freistaat »afrikaans«. Die Treckburen gründeten ihren Freistaat, nachdem sie den Oranje-Fluß überquert hatten, auf ihrer Flucht vor der englischen Herrschaft. 1835 entstand Winberg, die älteste Stadt der Provinz, die in den ersten Jahren auch Hauptstadt des Freistaates war. Der kleine Ort verdankt seinen Namen nicht einer gewonnenen Schlacht. Vielmehr konnten sich die Siedler nicht einigen, wem dieses Land gehören sollte. Als einer der Buren schließlich den Landstreit gewonnen hatte, nannte er seinen Hof Wenburg, gewonnene Burg. Die Schreibweise wurde später geändert. Winberg ist noch heute typisch für die ländlichen Städte des Freistaates. Es ist umgeben von riesigen Ebenen und großen Mais- und Getreidefarmen.

Das Wolkenkönigreich Lesotho bewahrt seine Unabhängigkeit inmitten der Berge Südafrikas

Die Ruhe vor den Engländern währte nicht lange. Schon 1846 kamen britische Offiziere und kauften die Farm Bloemfontein, um sie in einen militärischen Stützpunkt umzubauen. Hier entstand später die heute größte Stadt des Freistaates. Wieder machten sich viele der Buren auf den Treck und überquerten den Vaal ins Transvaal. Sechs Jahre später gaben die Briten, der ständigen Auseinandersetzungen müde, ihre Ansprüche auf und akzeptierten einen unabhängigen Oranje-Freistaat. Die Provinz liegt auf einem Hochplateau. Sie ist weitgehend flach und von endlosen Feldern und Grasflächen bedeckt, aber dennoch nicht kontrastarm. Im Osten liegen dramatische Bergketten, wo die Gipfel im Winter schneebedeckt sind. Die Hochlandroute zwischen Harrismith im Nordosten und Zastron im Süden bietet sich an, um die Schönheit dieser Gegend zu genießen. Sie führt nicht nur durch Gebiete mit spektakulären Aussichten und Umgebungen, sondern bietet auch archäologische Schätze wie Felsmale-

MARCO POLO TIPS FÜR DEN FREISTAAT

1 Lesotho
Unabhängiges Bergkönig-
reich inmitten Südafrikas
(Seite 66)

2 Golden Gate Highlands National Park
Dieser Park hat seinen
Namen von beeindrucken-
den Sandsteinfelsen, die

in der warmen Sonne
golden schimmern
(Seite 66)

3 Hamilton Park in Bloemfontein
Hier wird die größte Or-
chideenausstellung des
Landes gezeigt
(Seite 66)

reien, die vorhistorische Bewohner hinterlassen haben. Bethlehem verdankt seinen Namen
den frommen Treckburen, die,
beeindruckt von der Landschaft,
sie nach dem Geburtsort Jesu' benannten. Dem Fluß gaben sie
den ebenso biblischen Namen
Jordan. Ganz in der Nähe am Fuße der Maluti-Berge liegt der
Golden Gate Highlands National Park mit seinen spektakulären Sandsteinformationen und
vielen Tieren. Hoch in den Bergen versteckt sich Qwaqwa. Dieses Gebiet in über 2000 Meter
Höhe ist die traditionelle Heimat des Südsotho-Volkes. Es ist
eine Märchenwelt mit hohen
Berggipfeln und sanften hügeli-
gen Wiesen. Wanderfreunde
entdecken ein Gebiet von un-
glaublicher Schönheit. Das
Kunsthandwerk der Sothos ist
berühmt, besonders die handge-
webten Wollteppiche, die viele
Geschäfte in Südafrika verkaufen.

Im Nordosten des Freistaates
liegt das Riemland. Dieser Name entstand, weil die Siedler die
riesigen Wildherden, die in den

weiten Gebieten grasten, zu Tausenden abschlachteten. Die Buren verkauften anschließend die
getrockneten, in schmale Rie-
men geschnittenen Felle. Über
die radikale Jagd in der ganzen
Provinz gibt es in der Gemälde-
ausstellung in Kapstadt ein Bild
mit dem Titel: »Die größte Jagd
des Jahrhunderts«. So wurden
4000 Antilopen im Jahre 1860
innerhalb eines Tages unweit
Bloemfonteins erschossen. Die
Jagd fand zu Ehren von Prinz Alfred statt, einem Sohn Königin
Victorias.

Heute gibt es außer dem Nationalpark auch viele private
Wildfarmen, die wieder Tiere
züchten, wie den Springbock,
das südafrikanische National-
und Wappentier. Solche Farmen
kann man an den besonders hohen Zäunen erkennen, mit denen die Straßen gesichert sind. In
der Mitte der Provinz liegen die
Goldfields, die Goldfelder, die 50
Kilometer lang und 16 Kilometer breit sind. Im Gebiet um Welkom wird mehr als ein Drittel
des südafrikanischen Goldes ge-
fördert. Die ersten Spuren des

edlen Metalls wurden schon 1903 entdeckt. Aber erst 30 Jahre später begann man danach zu schürfen. Die ersten Versuche scheiterten und die Pioniere gaben mit großen Verlusten auf. Nach dem Zweiten Weltkrieg investierte das Unternehmen Anglo-American Corporation viele Millionen Dollar in Bohrungen und geologische Untersuchungen. Seitdem ist die Gegend Mittelpunkt einer modernen Minenindustrie. In Welkom, einer neuen Stadt, die auf dem Reißbrett geplant wurde, kann man Minenbesichtigungen vereinbaren. *Tel. 057/352 92 44*

BLOEMFONTEIN

(**D 4**) Bloemfontein ist die Hauptstadt des Freistaats (190 000 Ew.) und der Sitz des Obersten Gerichtshofes des Landes. Die Geschichte der Stadt geht zurück auf das Jahr 1840, als ein Vortrekker namens Nicolaa Brits sich hier niederließ. Er nannte die Stadt nach den Dingen, die er bei seiner Ankunft vorgefunden hatte: Eine Quelle *Fontein*, umgeben von Blumen.

Über die Jahrzehnte war die Stadt ein Schmelztiegel für burische und britische Einflüsse. Wegen ihrer Gärten und Parks heißt sie die Rosenstadt Südafrikas.

BESICHTIGUNGEN

First Raadsaal

Das älteste Gebäude von Bloemfontein. Sein Strohdach entstand 1848 unter Major Warden, dem die ersten britischen Soldaten in der Gegend unterstellt waren. Das Haus ist Wiege der Regierung, der Kirche und insbesondere auch der Schulbildung im Freistaat. *St. Georges St., Mo–Fr 10.15–15, Sa und So 14–17 Uhr*

Fontein

Ein Pfeiler steht heute an der Stelle, wo früher die Quelle floß, die der Stadt ihren Namen gab. *Selbourne Ave.*

Bloemfontein, die Hauptstadt des Freistaates

Bloemfontein, Schmelztiegel burischer und britischer Besonderheiten

Hamilton Park

★ Einer von vielen alten Parks. Im Treibhaus ist die größte Orchideensammlung Südafrikas untergebracht. Das Klima im Haus und die Bewässerung der über 3000 Pflanzen steuert ein Computersystem. *Union Ave., Mo–Fr 10–16 Uhr, Sa und So 10 bis 17 Uhr*

MUSEUM

National Museum

Sehr große Fossiliensammlung und übersichtliche Ausstellung zur Geschichte des Freistaates. *Aliwal St., Mo–Sa 9–16.30 Uhr, So 14–17 Uhr*

HOTEL

De Oude Kraal

35 Kilometer außerhalb von Bloemfontein liegt dieses liebevoll restaurierte Farmhotel. *Auf der N 1 die Ausfahrt Riversford, Tel. 05215/636, Fax 635, Kategorie 3*

SPIEL UND SPORT

Segelfliegen

Das Hochlandplateau um Bloemfontein ist bei Segelflie-gern in aller Welt beliebt. *Tel. 051/405 84 89*

AUSKUNFT

Bloemfontein Information Office
Hoffmann Sq., Tel. 051/40 54 89

ZIELE IN DER UMGEBUNG

Golden Gate Highlands National Park (E 4)

★ ✦ Das Naturschutzgebiet hat seinen Namen von den großartigen Sandsteinfelsen, die im Sonnenlicht golden schimmern. Auf über 6000 Hektar sind in dieser spektakulären Umgebung einheimische Tiere zu Hause. In den Felsen der Maluti-Berge nisten Adler. Der Park hat zwei Camps, in denen Hütten vermietet werden. *An der R 49 zwischen Bethlehem und Harrismith, Tel. 012/343 19 91*

Kroonstad (D 3)

Im Norden des Freistaates liegt der ganz besonders schöne, 1855 von Vortrekkern gegründete Ort. Er verdankt seinen Namen »Kroon« dem Lieblingspferd des Treckführers Savel Celliers. Die Stadt beeindruckt durch herrlichen alten Baubestand.

Lesotho (E 4)

★ ✦ Unabhängiges Königreich inmitten Südafrikas. Es liegt in den Bergen und wird das Wolkenkönigreich genannt. Lesotho ist so groß wie Belgien und die Heimat der Basotho, die sich Anfang des 19. Jahrhunderts hier niederließen. In der Hauptstadt Maseru gibt es gute Hotels wie das *Maseru Sun mit angeschlossenem Spielkasino Cabanas, Tel. 011/ 780 78 00 oder 09266/31 24 34,*

Kategorie 1. Von hier kann man Ausflüge in die schöne Umgebung machen. Auf Straßenmärkten werden Stroharbeiten wie der traditionelle Spitzhut der Basothos, der *Mokorotlo,* und anderes ethnisches Kunsthandwerk verkauft. Die handgesponnene Mohairwolle ist von hervorragender Qualität.

Thaba Nchu   (E 4)

Dieser kleine Ort wurde 1873 gegründet. Er ist das Verwaltungs- und Handelszentrum des Tswana-Volkes. Am Fuß des Thaba-Nchu-Berges gelegen, hat das Dorf einige historische Bauten und Kirchen zu bieten. In der Nähe liegt das *Thaba Nchu Sun,* ein Hotel der Spitzenklasse inmitten eines Naturreservats. Am Abend können die Gäste ihr Glück in dem dazugehörigen Spielkasino versuchen. *Tel. 011/ 780 50 00, Kategorie 1*

Welkom   (D 3)

Welkom ist das dynamische und pulsierende Herz der Goldfelder, die zu den reichsten der Welt zählen. Nach den Plänen des früheren Vorsitzenden der Anglo-American Corporation, Sir Ernest Oppenheimer, wurde die Stadt auf dem Reißbrett geplant. Sie ist in Wohn-, Industrie- und Minengebiete aufgeteilt, die durch viele Grünflächen verbunden sind. Es gibt keine Ampeln und nur ganz wenige Stop-Straßen, aber über 20 Verteilerkreise.

Der Besuch einer der Goldminen ist ein aufregendes Erlebnis. Eine Tagestour muß im voraus bei der *Welkom Publicity Association, Tel. 057/352 92 44,* gebucht werden.

Welkom ist ein Vogelparadies. Kleine Teiche in der Umgebung der Stadt bieten Lebensraum für große Flamingoschwärme und viele andere Vogelarten.

Lesotho, die Heimat der Basotho

Heimat der Zulus

KwaZulu/Natal: Diese Provinz am Indischen Ozean bietet Reisenden die größte Abwechslung

Schönheit und Verschiedenartigkeit der Landschaft in KwaZulu/Natal sind beeindruckend. Dabei ist es nur eine recht kleine Provinz. Dem Urlauber bieten sich die verschiedensten Möglichkeiten, einen Urlaub zu genießen: vom typisch afrikanischen Buschland im Norden bis zu breiten Stränden am Indischen Ozean mit subtropischem Klima, von grünen, von Flüssen durchzogenen Hügeln, bis zu der für viele Weitgereiste schönsten Bergkette der Welt, den *Drakensbergen*.

Die Mischung aus europäischen, afrikanischen und asiatischen Kulturen ist faszinierend. Die größte Bevölkerungsgruppe stellen die über sechs Millionen Zulus. Ein großer Teil Natals war von 1820 bis 1880 das Königreich Zululand. In diesem Gebiet leben noch heute die Nachfahren der berühmten Krieger. Ihr Ruf und der ihrer Führer Shaka und Dingaan ist weit über die Grenzen des Landes gedrungen. 1816 wurde Shaka mit 29 Jahren der Häuptling der Zulus. Er war ein illegitimer Sohn des alten Königs. In der Armee hatte er sich

Die »Three Rondavels« in den Drakensbergen von Ost-Transvaal

mit brutaler Zielstrebigkeit und militärischem Genie schnell an die Spitze gesetzt. So war es keine Frage, daß Shaka der neue König wurde. Er baute ein Heer mit über 60 000 Kriegern auf, das er ununterbrochen auf Feldzüge schickte. Die anderen Völker wurden besiegt oder ergaben sich. Shaka bildete seine Leute nicht nur perfekt aus, er entwickelte auch neue Waffen, und ritt als erster bei einem Angriff voran. Die Grenze seines Reiches im Osten war der Tugela-Fluß. Auch die ersten Siedler, englische Kaufleute, die 1824 aus Kapstadt kamen, akzeptierten diesen Fluß als Grenze. Dahinter bauten sie für durchreisende Schiffe eine Handelsmission auf.

1838 kamen die ersten Treckburen mit ihren Ochsenwagen nach Natal. Dingaan hatte mittlerweile seinen Bruder Shaka umgebracht und beerbt. Die Buren schickten ihren Führer Piet Retief zum neuen Häuptling Dingaan, um über Land und ein friedliches Zusammenleben zu verhandeln. Ohne Erfolg. Die ganze Delegation wurde von den Zulus ermordet. Danach griffen die Zulus das Hauptlager der Buren an und töteten einige hundert Menschen, sie brannten Port Natal nieder, und die Bewohner konnten sich nur in Schiffen auf das Meer retten. Die Rache der Buren war schrecklich. Bei der berühmten Schlacht am Blutfluß schlugen die weißen Siedler die Zulu-Armeen vernichtend, trotz deren zahlenmäßiger Übermacht. Die Buren erklärten das Gebiet zu ihrer Republik Natalia mit Pietermaritzburg als Hauptstadt. Aber der Traum vom eigenen Land währte nicht lange. 1843 wurde Natal zur britischen Kronkolonie erklärt und die meisten Buren packten wieder und zogen enttäuscht weiter. Die Kriege zwischen Engländern und Zulus in den Jahren 1879 und 1880 führten zu der endgültigen Vernichtung des einstmals so großen, mächtigen Zulureichs. Doch viele Traditionen überlebten. Wenn man heute durch Zululand fährt, scheint die Zeit stehengeblieben zu sein. Man sieht Kraals, in denen das Stammesleben wie in früheren Jahrhunderten geführt wird.

Das Klima ist ideal für tropische Pflanzen und Früchte. Schon in der Mitte des letzten Jahrhunderts pflanzten Siedler Zuckerrohr an — sehr erfolgreich, wie man noch heute an den riesigen Plantagen und Anwesen sehen kann. Da die Zulus nicht auf den Feldern arbeiten wollten und die Sklaverei verboten war, wurden Gastarbeiter aus Indien geholt. Sie kamen aus den untersten Kasten und waren häufig froh, in Natal Arbeit zu finden.

Die Küste KwaZulu/Natals ist ein Ferienparadies. Südlich und nördlich von Durban erstrecken sich herrliche Strände mit vielen Ferienorten. Das größte und beliebteste Urlaubsziel ist Durban. Aber auch die anderen Orte haben für jeden Geschmack etwas anzubieten. In kleinen Dörfern finden Sie Ruhe, in größeren Städtchen wie Margate und Umhlanga außerdem Unterhaltung und Vergnügen. Und die Drakensberge bieten grandiose landschaftliche Szenerien.

MARCO POLO TIPS FÜR NATAL

1 Indische Märkte in Durban
Eine faszinierende Mischung aus Asien und Afrika (Seite 72)

2 Tal der Tausend Hügel
Von den vielen sanft gewölbten Hügeln hat man eine herrliche Aussicht (Seite 74)

3 Umhlanga Rocks
Beliebter Ferienort am Indischen Ozean (Seite 74)

4 Eshowe
Ältester Ort im Inland. Für die Dreharbeiten zu der Fernsehserie Shaka Zulu wurde dort ein Zulu-Dorf nachgebaut. Heute ein Hotel (Seite 73)

5 Drakensberge
Die Alpen Südafrikas in einer wunderschönen Landschaft sind bei Bergsteigern und Wanderern aus aller Weld beliebt (Seite 75)

Sie erstrecken sich vom Ostkap bis zum Nordosten des Landes. Man nennt sie auch die Alpen Südafrikas. Einer der höchsten Gipfel dieses Gebirges ist mit 3299 Metern der *Mont aux Sources*, der seinen Namen von den fünf Flüssen hat, die hier entspringen. Der bekannteste davon ist der Tugela. Riesige Felsen bilden auf acht Kilometer Länge ein Amphitheater. Es ist Teil des *Royal Natal National Parks*, der wunderschöne Landschaften, seltene Blumen und Tiere, besonders Raubvögel, zu bieten hat. Es ist nur einer von vielen Pflanzen- und Tierschutzparks, die es in Natal gibt. *Umfolozi* wurde zum Schutz des Nashorns eingerichtet. Den *Mkuzi Park* gibt es schon seit 1912. Er liegt am Fuße der *Ubombo-Berge* und beheimatet unter anderem Leoparden, Giraffen, Nashörner, Zebras und Flußpferde.

DURBAN

(**F 4**) Mit seinen weiten weißen Stränden am Indischen Ozean ist Durban das südafrikanische Urlaubsmekka. An 300 Tagen im Jahr scheint die Sonne. Wer heute in diese große, pulsierende Hafenstadt kommt, kann sich nicht vorstellen, daß hier vor 150 Jahren nichts anderes war als Urwald mit Löwen und Elefanten. Die Zulus nennen die Stadt noch immer *Ethekwini* – die ruhige Lagune.

Ende des Jahres 1497 sah Vasco da Gama dieses paradiesische Land auf seinem Weg nach Asien zum ersten Mal. Da es Weihnachten war, nannte er es Natal, die Geburt. Erst 1835 benannten die Siedler es um in Durban, nach Sir D'Urban, damals Gouverneur am Kap.

Die Stadt (950 000 Ew.) ist eine faszinierende Mischung aus vielen Kulturen und Völkern. Die Hälfte der Einwohner sind Nachfahren der von englischen Kolonialherren hierher gebrachten indischen Arbeiter für die Zuckerrohrplantagen. Die indischen Märkte, Moscheen und Geschäfte gehören zu den großen Attraktionen Durbans.

Der Hafen ist vom Umschlag und auch von der Fläche der größte des Landes. Hier wird mehr Fracht umgeschlagen als in irgendeinem anderen Hafen des Kontinents.

BESICHTIGUNGEN

Aquarium und Delphinarium

Hier kann man die Haie aus nächster Nähe in einem speziellen Aquarium beobachten. Außerdem leben in verschiedenen Becken – das größte faßt 820 000 Liter Meerwasser – über tausend Fischarten. Gleich nebenan ist das Delphinarium. *Tgl. 9–16.30 Uhr (letzter Einlaß), Shows um 10, 11.30, 14, 15 und 17 Uhr. Die Fische werden um 11 und 15 Uhr gefüttert. Ecke West und Marine Parade*

Hafenrundfahrt / Hochseetour

Hafenrundfahrten und herrliche Hochseeausflüge für Liebhaber starten am Pleasure Cruise Terminal im Hafen. *Sarie Marais Jetty, Tel. 031/305 40 22*

Juma Moschee

Diese Moschee ist die größte und wohl auch prächtigste auf der südlichen Halbkugel. Ein Besuch lohnt. *Ecke Grey und Queen St.*

Natal Shark Board

Vor der Küste Natals gibt es viele Haie. Mehr als 300 Netze sollen sie von den Touristenstränden fernhalten. Das Forschungsinstitut untersucht die 1000 Haie, die jährlich gefangen werden. *Auf einem Hügel oberhalb von Umhlanga. Nur mittwochs geöffnet 9—11 Uhr und 14.30 Uhr*

Rikscha-Stände

⊗ An der Strandpromenade des South Beach laden Zulus in traditioneller Kleidung zu Rikschafahrten ein.

Umgeni River Bird Park

Park mit exotischen Vögeln aus aller Welt. *Marine Parade über die Umgeni-Fluß-Brücke, tgl. geöffnet*

MUSEEN

African Art Centre

⊗ Ausstellung und Verkauf von original Zulu-Kunst und Kunsthandwerk. *35, Guildhall Arcade, Mo—Fr 9—17, Sa 9—13 Uhr*

Local History Museum

In dem renovierten ehemaligen Gerichtsgebäude werden Kleider, Möbel und andere Dinge aus der Gründerzeit Durbans gezeigt. *Aliwal St., Mo—Sa 9—17 Uhr, So 11—17 Uhr*

RESTAURANTS

The Deck

Wie auf einem Ozeanriesen kann man hier Ausblick und Seeluft genießen. *139, Lower Marine Parade, Tel. 031/37 17 47, Kategorie 3*

Sea Belle

Wer indische Küche mag, wird etwa 20 km außerhalb von Durban die beste Adresse finden: das *Sea Belle Hotel, 62, South Beach Rd., Tel. 0322/410 48, Kategorie 3*

Le St. Geran

Dieses rosa gehaltene Restaurant gehört zu den zehn besten des Landes. *Aliwal St., Tel. 031/ 304 75 09, Kategorie 1*

EINKAUFEN

Indische Märkte

★ ⚘ Ein absolutes Muß. An 180 Ständen werden in der Victoria Street Gewürze, Fisch, Fleisch, Schmuck und vieles andere angeboten. Ähnliches gibt es auch

Durban ist das Urlaubsmekka am Indischen Ozean

an den *Oriental Arcades.* Hier bieten Straßenhändler Schmuck, Seide, golddurchwirkte Saris und anderes an. Bei den indischen Geschäftsleuten darf und sollte man handeln. *Victoria St. und Oriental Arcade zwischen Crey und Cathedral Rd., So geschl.*

The Wheel
In dem modernen Einkaufszentrum auf vier Stockwerken sind Geschäfte und Restaurants untergebracht. Der Name bezieht sich auf das große Riesenrad an der Fassade, das als Aufzug benutzt wird. *Gillespie St.*

HOTELS

Holiday Inn Crown Plaza
Wegen seines spektakulären Blickes auf den Indischen Ozean ist dieses Hotel zu empfehlen. *Snell Parade, Tel. 031/37 13 21, Kategorie 2*

The Royal
Das Spitzenhotel in der Innenstadt, wo sich koloniale Atmosphäre und moderner Hotelkomfort verbinden. *267, Smith St., Tel. 031/304 03 31, Kategorie 1*

SPIEL UND SPORT

Segeln, Wellenreiten, Windsurfen
Wellenreiten: *Tel. 031/ 37 40 38,* Windsurfen: *Tel. 031/ 22 41 59,* Segeln: *Tel. 031/657 26*

Wasser-Wunderland
Für Wassersportbegeisterte. *Snell Parade, 031/32 97 76*

Selborne Country Lodge
60 Kilometer von Durban entfernt liegt ein kleines Paradies für Golfer: Selborne Park ist ein Hotel, das in einem Landhaus aus dem Jahre 1880 untergebracht ist. Es liegt inmitten eines 80 Hektar großen Parks samt Golfplatz mit 18 Löchern. *Pennington, Tel. 0323/511 33, Fax 528 11, Kategorie 1*

AM ABEND

Goldene Meile
Geballte Unterhaltung und Vergnügen findet der Besucher auf der Goldenen Meile, die sich über sechs Kilometer an der Strandpromenade entlangzieht. Hier reihen sich Hotels, Restaurants und Bars aneinander. Im *Natal Playhouse* wird auf fünf Bühnen Unterhaltung von Oper bis Kabarett geboten. *Strandpromenade*

AUSKUNFT

Durban Unlimited
160, Pine St., Tel. 031/304 49 34

ZIELE IN DER UMGEBUNG

Dingaans Kraal
(**Umgungundlovu**)   (**F 4**)
An dieser Stelle wurden der Burenführer Piet Retief und seine Männer 1838 vom Zuluhäuptling Dingaan umgebracht. Der Kraal wurde wieder aufgebaut und ist heute ein Museum. *Auf der R 34 Richtung Vryheid*

Eshowe   (**F 4**)
Eshowe ist einer der ältesten Orte im Zululand. Im *Hotel Shakaland* wurde die Fernsehserie über Shaka Zulu gedreht. Dafür baute man ein Zuludorf auf, das nach den Dreharbeiten zum Hotel umgewandelt wurde. *Tel. 03546/912, Fax 842, Kategorie 2*

Hluhluwe Wild Park (F 3–4)

Dieser Naturschutzpark hat Tradition. Am Fuße der Berge bietet er eine einmalige Kombination von Landschaften: Wald, Steppe und Grasland. Hier leben schwarze und weiße Nashörner, Elefanten, Büffel, Zebras, Löwen, Leoparden und viele andere Tiere. *Das Zulu-Museum ist tgl. geöffnet, Nur acht km entfernt liegt das private Wildreservat Bushland Game Lodge.*

Man wohnt in luxuriösen Baumhäusern, die durch Holzstrickstege verbunden sind. Der Ausblick ist herrlich. *Tel. 035/ 562 01 44, Fax 562 02 05, Kategorie 2. Es werden Safaris in die drei umliegenden Wildschutzgebiete Hluhluwe, Umfolozi und Mkuzi angeboten, Tel. 0331/47 19 81, Fax 47 19 80. Bei Mkuzi liegt das Wildreservat* ==Phinda Tzilwane:== Hier wird versucht, früher hier lebende Tierarten wie Elefanten oder Löwen wieder anzusiedeln. *Tel. 011/803 84 21, Fax 803 18 10*

Kwabulawayo (F 4)

Von Shakas Hauptstadt zeugt heute nur noch ein Denkmal. Ganz in der Nähe ist ein kleines Hotel, in dem man im Stil der Zuckerbarone übernachten kann. *Mine Own Country House, Gingindhlovu, Tel. 0353/301 25, Kategorie 3*

Tal der Tausend Hügel (F 4)

★ 🌿 Vom Botha Hill hat man einen spektakulären Blick über Hügel und Täler. Am frühen Morgen, bevor sich der Nebel hebt, hört man manchmal die Rufe der Zulus: von Berg zu Berg weitergegebene Nachrichten. 500 Meter unterhalb des *Rob Roy Hotels* liegt ein Kraal, in dem die Zulus ihre Tänze vorführen. Zauberdoktoren lesen aus geworfenen Knochen die Zukunft. *Rob Roy Hotel, Bothas Hill, Tel. 031/ 777 13 05, Fax 777 13 64, Kategorie 3*

Ulundi (F 4)

Der Name bedeutet Ort der Höhe. Er liegt mitten im alten Königreich der Zulus. *Das KwaZulu Cultural Museum zeigt die Geschichte des Volkes. Mo–Fr 8–16 Uhr.* Übernachten kann man in nachgebauten Zuluhütten, die durch das Museum vermittelt werden, oder im einzigen Hotel der Stadt, *im Holiday Inn Garden Court, Tel. 011/482 35 00, Kategorie 2*

Umhlanga Rocks (F 4)

★ Besonders schönes Ferienziel am Indischen Ozean. Außer ausgezeichneten Bademöglichkeiten ist der Besuch von *Croc World*, einer Krokodilfarm, zu empfehlen. Im *Croc World Zulu Kraal werden mittwochs und sonntags Stammestänze vorgeführt. Tel. 0323/ 211 03.* Die Hotels liegen direkt am Strand, eines der besten ist die ==Oyster Box.== Wie der Name schon sagt: Die Austern sind hier besonders empfehlenswert. *Tel. 031/561 22 33, Fax 561 40 72, Kategorie 2*

PIETERMARITZBURG

(E 4) Von grünen Hügeln umgeben liegt Pietermaritzburg (170 000 Ew.) in einem weiten Tal. Der alte Stadtkern mit Häusern aus der viktorianischen Ära zeigt den großen Einfluß der britischen Kolonisten. Aber gegründet wurde die Stadt von den Treckburen, die sich nach der Schlacht am Blutfluß hier niederließen. Sie gründeten die Republik Natalia und nannten ihre

Hauptstadt nach den beiden Führern Piet Retief und Gerrit Maritz.

BESICHTIGUNGEN

Howick Falls

Der Umgeni-Fluß stürzt hier 111 Meter in die Tiefe. *An der Straße nach Howick im Umgeni Valley Nature Reserve*

Voortrekker Haus

Das ist das einzige Haus, das aus der Pionierzeit erhalten ist. *333 Boom St., Mo—Fr 9—17 Uhr, So 9—12.30 Uhr*

MUSEEN

Macrorie Haus Museum

Das Museum stellt eine Sammlung viktorianischer Möbel von früheren englischen Siedlern aus. *Ecke Pine- und Loop St., Di, Mi, Do und So 11—16 Uhr*

Voortrekker Museum

Sammlung von Erinnerungsstücken aus der Pionierzeit. *340, Church St., Mo—Fr 9—13 und 14 bis 16.30 Uhr, Sa 8—12 Uhr*

RESTAURANT

White Mischief

Eines der besten Restaurants Natals. *180, Loop St., Tel. 0331/ 42 45 79, Kategorie 1*

HOTELS

Imperial Hotel

Das schönste Hotel der Stadt ist ein altes Grand Hotel, das Imperial Hotel. Es hat seinen Namen nach Prinz Louis Napoleon — Imperial Crown Prince —, der hier logierte, bevor er in den Zulu-Krieg zog und 1879 im Alter von 23 Jahren getötet wurde. *224, Loop St., Tel. 0331/42 65 51, Fax 42 97 96, Kategorie 2*

Rawdons Hotel

Idyllisch auf dem Land in der winzigen Ortschaft *Nottingham Rd.* gelegen. *Tel. 0333/360 44, Kategorie 3*

AUSKUNFT

Pietermaritzburg Publicity Association

177, Commercial Rd., Tel. 0331/ 45 13 48

ZIELE IN DER UMGEBUNG

Drakensberge   (E 4)

★ ⚘ Unvergeßlich bleibt der Blick auf das Amphitheater im *Royal Natal National Park.* In der Gegend findet man viele Felsmalereien der Buschmänner, die über Jahrhunderte hier Unterschlupf gesucht haben. Im *Giant's-Castle-Wildpark* gibt es ein *Museum für Buschmannzeichnungen. Tgl. 11.30 bis 14.30 Uhr.* Um die Naturwunder wirklich genießen zu können, empfiehlt sich die Übernachtung in einem der zahlreichen Hotels mit Aussicht. *Cathedral Peak Hotel, Tel. und Fax 036/488 18 88, Kategorie 3,* und *Champagne Castle Hotel, Tel. 036/468 10 63, Kategorie 3*

Midmar Natur-Reservat   (E 4)

An diesem See wird Wassersport vom Segeln bis zum Motorbootfahren angeboten. In *Midmar Historical Village*, einem Freilichtmuseum, kann man sehen, wie früher in Natal gelebt wurde. *Tel. 0332/30 20 67. Im Moment nur sonntags geöffnet*

Land des Goldes und der Diamanten

Die früher Transvaal genannte Region ist heute in die Provinzen Nord-West, Gauteng, Ost- und Nord-Transvaal aufgeteilt

Wenn der Besucher am Morgen auf dem Jan-Smuts-Flughafen in Johannesburg ankommt, erlebt er sogleich ein Stück Afrika: die klare und trockene Luft des Hochlandes, ein rötlich getöntes Land, endlos weit, steppenähnlich und die atemberaubend schönen Sonnenaufgänge des Nordens. Diesen Teil des Landes haben die Weißen zuletzt besiedelt. Die Industriemetropole Johannesburg ist gerade über 100 Jahre alt und das benachbarte Pretoria nur wenige Jahrzehnte älter. Der Gründer der Hauptstadt, Wesel Pretorius, nannte sie nach seinem Vater, einem der burischen Generäle bei der Schlacht am Blutfluß. Nach Ausrufung der freien Provinz Transvaal 1854 bestand das heutige Südafrika aus zwei britischen Kolonien, dem Kap und Natal, sowie den Burenrepubliken Oranje Freistaat und Transvaal. Nach den Diamantenfunden im Transvaal versuchten die

Briten, die Buren zu einer Konföderation zu überreden. Als dies mißlang, annektierten sie die Republiken. So kam es zum ersten britisch-burischen Krieg, der auf Afrikaans bis heute *Vryheidsoorlog*, also Freiheitskrieg, genannt wird. Die Buren gewannen, und 1881 erhielt Transvaal seine Unabhängigkeit zurück. Das Land entwickelte sich unter Führung des legendären Präsidenten Paul »Ohm« Krüger. Als 1886 riesige Goldfunde nicht allzuweit von Pretoria gemacht wurden, ahnte er, welche Probleme daraus entstehen könnten. Aber die Entdeckung ließ sich nicht geheimhalten. Der ausbrechende Goldrausch lockte Tausende von Glücksrittern aus aller Welt in die Gegend.

Nach den Goldfunden war England entschlossener denn je, auch diesen Teil des südlichen Afrika für die Kronkolonie zu erobern. Es kam zum zweiten Burenkrieg. 1902 mußten sich die Buren geschlagen geben. Im Jahre 1910 wurde die Südafrikanische Republik gegründet mit Pretoria als Verwaltungshauptstadt.

Nirgendwo in Afrika ist die Vielfalt an Tieren größer als im berühmten Krüger Park

Das Gebiet, in dem das Gold gefunden wurde, heißt Witwatersrand. Es ist ein Plateau mit einer durchschnittlichen Höhe von 1700 Metern. Die Goldader erstreckt sich über 130 Kilometer und wird am Ende 30 Kilometer breit. Hier gibt es viele Minen- und Industriestädte, die größte ist natürlich Johannesburg. Der Vaal-Fluß ist ein beliebtes Wochenendausflugsziel der Johannesburger. Man kann dort in schönen Hotels wohnen oder sich Hütten oder Häuser mieten.

Die Universitätsstadt Potchefstrom, 1838 gegründet, wurde die erste Hauptstadt der Zuid-Afrikaanischen Republik. Viele Gebäude erinnern noch heute daran.

Nördlich von Pretoria beginnt die *Great North Road*. Die große Straße des Nordens führt durch hügeliges Buschfeld nach Warmbad. Der Ort ist bekannt für seine heißen Quellen, die besonders bei Rheuma helfen. Von hier fährt man über Waterberg und Pietersburg durch das Affenbrotbaum-Land, kommt über die Soutpansberge nach Hunderten von Kilometern schließlich zum Limpopo. Dieser Fluß bildet die Grenze zu Zimbabwe und Botswana. Für Liebhaber Afrikas ist die Fahrt ein tolles Erlebnis.

Doch die bekannteste und interessanteste Provinz des Nordens ist Ost-Transvaal. Spektakulär ist die Anfahrt über die *Panorama Route*, wo Südafrikas Inlandsplateau mit einem wunderschönen Abgang voller Dramatik endet. Hunderte von Metern tiefer beginnt die subtropische Ebene. Ihre Geschichte ist voll

Der Goldrausch hat überall im Land seine Spuren hinterlassen

von Abenteuern und großen Ereignissen. Hier haben Siedler schon Gold gefunden, bevor der Rausch auf dem Witwatersrand anfing. *Pilgrim's Rest*, heute eine Geisterstadt und Touristenattraktion, war einer der Orte des frühen Goldrausches. Einige der alten Goldminen sind noch in Betrieb. Doch längst ist die Landwirtschaft, besonders der Anbau von subtropischen Früchten, die Haupteinkommensquelle. Beeindruckend sind die vielen herrlichen Aussichtspunkte auf die bizarre Landschaft und gewaltige Wasserfälle. Für die Fahrt zum *Krüger Park* sollte man sich deshalb Zeit nehmen. Der Park gehört zu den berühmten Wildschutzgebieten der Welt. Man kann in Camps im Park übernachten. Außerdem gibt es eine Reihe privater Wildfarmen, die entlang der Westgrenze des Krügerparks eingerichtet worden sind, wo erfahrene Wildhüter die Gäste auf Safaris begleiten.

JOHANNESBURG

(**E 3**) Johannesburg liegt stattliche 1753 Meter über dem Meer. Die Stadt ist im wahrsten Sinne auf Gold gebaut. Sie hat mehr Sonnentage als Kalifornien und selbst im Winter sind zwar die Nächte kalt, aber die Tage warm. Es ist die größte Stadt Südafrikas. Wenn man neben der Kernstadt (1,9 Mio Ew.) noch die schwarze Vorstadt Soweto hinzurechnet, umfaßt die Metropole Johannesburg mehr als vier Millionen Menschen. Hinzu kommen noch die Armensiedlungen am äußeren Stadtrand.

Johannesburg kann — was seine Lage anbelangt — mit Kapstadt nicht mithalten, hat jedoch eine eigene, ganz andere Faszination. Die Atmosphäre ist prickelnd, der Lebensstil schnell, atem- und manchmal rücksichtslos wie in den Gründerjahren. Alles dreht sich um Geld und Geschäft. Johannesburg ist das Handels- und Finanzzentrum mit der Börse, dem größten Flughafen, den breitesten Straßen und den höchsten Wolkenkratzern des Landes. Der Blick von der Aussichtsplattform im Carlton-Center auf die glitzernde Skyline einer Millionenstadt, vermittelt sofort die Einsicht, daß hier der wirtschaftliche Puls Südafrikas schlägt. In seiner hundertjährigen Geschichte ist Johannesburg dreimal neu gebaut worden. Die Grundstückspreise in der Innenstadt sind so hoch, daß es sich lohnt, alte Häuser einfach abzureißen, um neue, höhere zu bauen. Es gibt zwei Universitäten, die eine afrikaans-, die andere englischsprachig.

Johannesburg heißt in den schwarzen Sprachen *E'Goli*, Ort des Goldes. Denn mit Gold fing alles an. George Harrison, ein australischer Bildhauer, der schon in seiner Heimat nach Gold gesucht hatte, kam 1886 auf einer Reise zum Ost-Trans-

---

MARCO POLO TIPS FÜR DIE NORDPROVINZEN

1 Gold Reef City
Nachgebaute Goldgräberstadt mit Hotels und Bars in Johannesburg (Seite 80)

2 African Herbalist Shop
Medizinmänner verkaufen Wundermittel und Kräuter (Seite 81)

3 Sun City und Lost City
Luxuriöse Vergnügungsoase mit Hotel, Kasinos, Sportanlagen und vielem mehr (Seite 82)

4 Union Building
Regierungsgebäude in Pretoria, ab Oktober in einem Meer von Jakarandablüten (Seite 83)

5 Tzaneen
In einem wunderschönen Tal gelegener Ort im Norden (Seite 86)

6 Krüger Park
Wohl das schönste, sicher das berühmteste Wildreservat der Welt (Seite 85)

vaal hierher und erkannte den Goldgehalt der Steine. Was danach geschah, ist als der größte Goldrausch aller Zeiten in die Geschichte eingegangen. Goldgräber aus drei Kontinenten machten sich auf die beschwerliche Reise. In jenen Tagen war schon allein die Strecke von der Küste ins Landesinnere noch ein Abenteuer. Aus einem Lager mit Zelten und selbstgezimmerten Hütten entstand die Stadt, in der Gold auch noch heute eine große Rolle spielt.

tungsdruckerei, eine Brauerei, ein Theater, eine Bank, eine Feuerwehr und ein Hotel. Stadtrundfahrten werden mit einer kleinen Eisenbahn oder in Kutschen angeboten. Die alte Goldmine unter der Stadt kann besichtigt werden. Angeschlossen ist ein Vergnügungspark. *Stadtteil Crown, 15 Minuten von der Innenstadt, Bustransport vom Hotel Sandton Sun und von den Stadthotels mit den Horizon Tours, Tel. 011/ 496 16 00.*

BESICHTIGUNGEN

Carlton Panorama (K 11)
Vom 50. Stock des Carlton-Centers hat man einen weiten Blick über die Stadt bis zu den Magaliesbergen. *Commissioner St., tgl. 9–23 Uhr*

Goldminen (O)
Der Besuch einer Goldmine kann über die Chamber of Mines gebucht werden. Man kann in die Minen einfahren und zusehen, wie flüssiges Gold in Barren gegossen wird. Besucher unter 16 und über 60 Jahren ist die Einfahrt unter Tage nicht ohne weiteres erlaubt. Für den lohnenden Ausflug sollte ein ganzer Tag eingeplant werden. Auf einigen Minen führen Arbeiter sonntags traditionelle Tänze auf. *Buchungen Tel. 011/838 82 11*

Gold Reef City (O)
★ Da keine Gebäude aus der Zeit des Goldrausches erhalten sind, wurde diese Stadt nachgebaut, um so die alten Zeiten wieder lebendig werden zu lassen. Es gibt verschiedene Nachbauten von Wohnhäusern, eine Zei-

Gold Reef City

Lion Park (O)
Hier kann der Besucher mit seinem Wagen zwischen freilaufenden Löwen umherfahren. Nichts für schwache Nerven. *30 km von Johannesburg an der R 512 in Richtung Lanseria Flughafen, tgl. 8–17 Uhr*

Soweto (O)
South-Western-Township. In diesem schwarzen Vorort leben mehr als zwei Millionen Menschen. Weltbekannt wurde Soweto durch die blutig beendeten Schülerunruhen von 1976. *Auskunft über Rundfahrten bei Jimmy's face to face Tours, Tel. 011/331 61 09*

MUSEEN

Geologisches Museum   (I 10–11)
Riesige Ausstellung von Mineralien und einer einmaligen Sammlung von Gold und goldhaltigem Gestein. *Ecke Sauer und President St., Mo–Sa 9–17.30, So 14–17.30 Uhr*

Johannesburg Art Gallery   (K 9)
Internationale Kunstsammlung und Werke südafrikanischer Maler werden gezeigt. *Jourbert Park, Di–So 10–17 Uhr*

Museum Afrika   (H 10)
Ausstellung über das Leben im südlichen Afrika von der Steinzeit bis zur Apartheid. *Bree St., Di–Do 9–17 Uhr*

RESTAURANTS

Casalinga   (O)
Zwar etwas außerhalb, aber wunderschön neben der Rocky Ridge Golfanlage gelegen. *Tel. 011/957 26 12, Kategorie 1*

Gramadoelas at the Market (H 10)
Wahrscheinlich das einzige Restaurant, das dem Gast die ganze Palette der Küche Südafrikas bietet. *Ecke Bree und Wolhuter St., Tel. 011/838 69 60, Kategorie 2*

Zoo Lake   (O)
Im Park am Zoo Lake liegt mit einem herrlichen Ausblick das Zoo Lake Restaurant. *Jan Smuts Rd., Tel. 011/646 88 07, Kategorie 1*

HOTELS

Gold Reef City Hotel   (O)
Bietet Übernachtungen im Stil der Goldgräberstadt. *Alamein Road, Tel. 011/496 16 26, Fax 496 16 36, Kategorie 1*

Lesedi   (O)
Das ist ein Sotho-Wort und bedeutet »Platz des Lichts«. In diesem traditionellen Dorf kann man übernachten und mit den Menschen leben. *Auf der R 512 in Richtung Lanseria die Ausfahrt gegenüber dem Flughafen, Tel. 01205/513 94, Fax 514 33, Kategorie 3*

Rosebank Hotel   (O)
Liegt in einem charmanten Stadtteil mit vielen Geschäften und Restaurants. *Chr. Tyrwhitt und Sturdee Ave., Tel. 011/447 27 00, Kategorie 2*

Sandton Sun   (O)
Das glitzernde 5-Sterne-Hotel Sandton Sun kann man beim Bummel durch die Einkaufspassagen nicht verfehlen. *Tel. 011/482 35 00, Kategorie 1*

EINKAUFEN

African Herbalist Shop   (H 10)
★ Afrikanischer Kräuterladen. Hier werden Sie von einem Medizinmann oder einer -frau beraten. *14, Diagonal St.*

African Rooftop Market   (O)
Auf über 450 Ständen wird *jeden Sonntag in der Rosebank Mall zwischen 9.30 und 17 Uhr* alles vom Trödel bis zu Antiquitäten angeboten. *50, Bath Ave.*

Hyde Park Corner   (O)
Kleines, aber besonders edles Geschäftszentrum. *Hyde Park*

Sandton City   (O)
Das größte und beeindruckendste Shopping-Center. Ein Ge-

schäft reiht sich an das andere, es gibt alles was das Herz begehrt. *Im Stadtteil Sandton*

AM ABEND

Hard Rock Cafe (O)
Absolut trendy, Treffpunkt der Szene. *Thrupps Centre, 204, Oxford Rd., Illvoho, Tel. 011/447 25 83*

Market Theater (H 10)
♣ ✿ ☯ Das Market Theater hat vier Bühnen, auf denen die besten Produktionen Südafrikas gezeigt werden. Hier wurde das bekannte Musical »Sarafina« zum erstenmal aufgeführt. Außerdem gibt es einen Buchladen, Kunstgalerie, Bar und Restaurant. Das Künstlerzentrum ist in den alten Markthallen aus dem Jahr 1913 untergebracht. In der Umgebung liegen viele kleine alternative Geschäfte und Galerien. *Wolhuter St., Tel. 011/832 16 41*

AUSKUNFT

Johannesburg Publicity Association (K 10)
Ecke Market und Kruis St., Tel. 011/336 49 61

ZIELE IN DER UMGEBUNG

Hartbeespoort Dam (E 3)
Der Stausee liegt zwischen Johannesburg und Pretoria in den Magaliesbergen. Das Aquarium mit Krokodilen, Meeresvögeln und Seehunden lohnt einen Besuch. Daneben liegt gleich ein Schlangenpark. Soweit das Wetter es erlaubt, werden tgl. Ballonflüge über den Dam angeboten. *Tel. 01205/510 21.* Ganz in der Nähe des Sees liegt eine Zucht-

station für Leoparden, Geparden und andere seltene Tiere. *Wild Cheetah Zenter, Tel. 012/504 19 21*

Sun City und Lost City (D 2)
★ Zweieinhalb Stunden Autofahrt von Johannesburg entfernt liegt dieses Vergnügungsmekka. Wie eine Oase in der Wüste taucht es auf einmal inmitten einer trockenen Buschlandschaft auf. Der Hotelkomplex mit Spielkasinos liegt in einem erloschenen Krater der Pilansberge. In den drei Hotels, *The Cascades, Sun City und Cabanas*, wird der Gast verwöhnt. Jedes Hotel hat neben Schwimmbädern auch andere Sportanlagen. Auf einem großen See wird Wassersport aller Art angeboten. Den 18-Löcher-Golfplatz hat Gary Player angelegt. In Teilen des Parks

Sun City, eine Oase des Vergnügens

glaubt man im Urwald zu sein. Alles wurde künstlich angelegt. Kein Wasserfall, keine Palme, weder Flamingo noch Papagei waren hier, bevor es Sun City gab. Am Abend kann der Besucher zwischen mehreren *Restaurants*, dem *Kasino*, den *Spielautomaten* und *Shows* von internationalem Niveau wählen. Es werden auch Safaris in den nahe gelegenen Naturschutzpark Pilansberg angeboten. Vor kurzem wurde auf 26 Hektar ein weiterer Teil dieser Hotelanlage eröffnet, die »Lost City«. Wie eine Fata Morgana erscheint einem diese Märchenwelt. Es ist eine Mischung aus indischem Palast und Dschungel mit riesigen Wasserfällen, künstlichen Seen und einem Wüstengolfplatz. Die Anlage soll Visionen lange verlorener Zivilisationen heraufbeschwören und die Besucher in einem Traum gefangenhalten. *Sun-City hat eine Bahnstation und einen eigenen Flughafen, der täglich von Johannesburg angeflogen wird.* Der *Sun-City-Express* bringt Tagesbesucher vom Parkplatz zu den Vergnügungsstätten. *Es gibt eine tägliche Busverbindung von Johannesburg, Tel. 011/78 07 8 00 oder 014651/21 00*

Wonder Cave

Die Tropfsteinhöhle ist über zwei Milliarden Jahre alt. Sie gehört zu den eindrucksvollsten Naturereignissen des Landes. *Tgl. 8—17 Uhr, Führungen alle 90 Minuten von 8 Uhr an. Hinter Randburg auf der R 47*

PRETORIA

(**E 3**) Über Pretoria thront das Union Building. Von hier wird das Land regiert, wenn das Parlament nicht in Kapstadt tagt. Der Regierungssitz (820 000 Ew.) wurde von dem bekannten Architekten Sir Herbert Baker nach der Gründung der Südafrikanischen Union 1910 gebaut. Das imposante Gebäude mit einem Amphitheater (2000 Sitzplätze) ist umgeben von einem

herrlichen Park, an dessen Rand die Residenzen von Ministern und Botschaftern liegen. Der Unterschied zwischen den Nachbarstädten Johannesburg und Pretoria könnte kaum größer sein: Die eine Stadt ist vital und kosmopolitisch, die andere lebt ruhig und zurückgezogen. Im Oktober verwandelt sich die Stadt in ein Blütenmeer. 70 000 Jacarandabäume, die mehr als 500 Kilometer Straße säumen, verbreiten dann ein zartlila Licht.

BESICHTIGUNGEN

National Zoological Garden

🔱 Der Zoo gehört mit 3500 Tierarten zu den größten der Welt. Mit einer Seilbahn können Besucher zu lohnenden Aussichtspunkten oberhalb der eigentlichen Tiergehege fahren. *Paul Krüger St., tgl. 8—18 Uhr*

Union Building

⭐ Der Regierungssitz liegt auf der Meintjieskop. Für viele Südafrika-Kenner gilt es als das Meisterstück südafrikanischer Architektur. Auf den Stufen vor dem Gebäude legte Nelson Mandela 1994 seinen Amtseid ab.

Vortrekker Monument

Dieses massive Granitmonument erinnert an die grausame Schlacht am Blutfluß. In der Heldenhalle wird die Geschichte des Trecks auf 27 Marmorreliefs gezeigt. *Fontains Valley, Mo—Sa 9—16.45 Uhr, So 11—16.45 Uhr*

MUSEUM

Transvaal Museum

Dieses Museum zeigt geologische und archäologische Funde

Über Pretoria thront das Parlamentsgebäude, das Union Building

und Fossilien, unter anderem den prähistorischen Affenmenschen. *Paul Krüger St., Mo–Sa 9–17 Uhr, So 11–17 Uhr*

RESTAURANTS

Chagall's
Mitten in einem Park gelegen. Geruhsame Atmosphäre, gutes Essen. *Fontains Valley, Tel. 012/ 34107 08, Kategorie 1*

Chez Patrice
Beliebt bei Politikern. *Well St., Tel. 012/70 89 16, Kategorie 2*

Oeka Toeka
Das Restaurant liegt im Overzicht Art Village und bietet die traditionelle Küche der Afrikaner im viktorianischen Ambiente. *Kotze St., Tel. 012/341 00 84, Kategorie 3*

EINKAUFEN

Buschmann-Shop
Hier findet man originelle Andenken. *Central St.*

HOTELS

Mount Grace
Eines der schönsten Landhotels der Umgebung ist das Mount Grace. *Magaliesburg, Tel. 0142/ 77 13 50, Fax 77 12 02, Kategorie 2*

Victoria Hotel
Das nostalgische Hotel wurde 1896 erbaut. Die Rovos-Rail-Gruppe hat ihm mit viel Aufwand und Liebe zum alten Glanz verholfen. *Ecke Scheiding/ Paul Krüger St., Tel. 012/323 60 52, Fax 012/323 08 43, Kategorie 1*

AUSKUNFT

Pretoria Publicity Association
Ecke van der Walt und Vermeulen St., Tel. 012/313 79 80

ZIELE IN DER UMGEBUNG

Crocodile River Arts and Crafts Ramble (E 3)
Man fährt zu den Magaliesbergen, dann in Richtung Honeydew. Entlang der Route haben

bekannte afrikanische Künstler ihre Ateliers. Sie verkaufen am ersten Wochenende jedes Monats ihre Werke in ihren Häusern.

Cullinan Mine (E 3)

In dieser Diamantenmine wurde der 3106 Karat schwere Cullinan gefunden − der größte Diamant der Welt. *Premier Diamond Mine, Cullinan, über R 513, Tel. 01213/400 81, Führungen Di−Fr 9.30 und 11 Uhr, Kinder unter 10 haben keinen Zutritt*

Krüger Park (F 2)

★ Der weltbekannte, zwei Millionen Hektar große Wildpark beherbergt die größte Vielfalt an Tieren auf dem afrikanischen Kontinent. Einlaß in den Park durch acht Tore, vier sind von *Nelspruit* zu erreichen: *Malelane, Crocodile Bridge, Numbi* und das *Paul-Krüger-Tor.* Etwa in der Mitte des Parks liegen *Orpen* und *Phalabora Tor,* und ganz im Norden gibt es noch die Eingänge *Punda Maria* und *Pafuri.* Camps bieten Rundhütten oder kleine Häuser zur Übernachtung an. In den kleineren Camps versorgt man sich selbst, die größeren, zum Beispiel *Pretoriuskop* und *Berg-en-Dahl,* haben *Restaurants* und *Schwimmbäder.*

In Südafrika erkannte man schon früh die Notwendigkeit und Bedeutung von Naturschutz. Bereits Ende des letzten Jahrhunderts beschloß die damals Volksrat genannte Regierung, die Jagd zwischen den Flüssen Sabie und Crocodile zu verbieten. So entstand der Krüger National Park. In wunderschöner Landschaft leben hier 130 Säugetierarten, 48 Fisch-, 114 Reptilien- und 468 Vogelarten. Die Parkverwaltung gibt an: 8000 Elefanten, 26 000 Büffel, 120 000 Impalas sowie Zebras, Löwen, Leoparden, Cheetahs, Giraffen, Flußpferde, Nashörner und viele andere mehr.

Auf guten Straßen fährt der Besucher durch den Park und kann dabei die Tiere beobachten. Die Höchstgeschwindigkeit auf Asphaltstraßen beträgt 50 km/h und auf Sandwegen 40 km/h. *Okt.−März 5.30−18 Uhr, April bis Sept. 6−17.30 Uhr. Auskunft und Reservierungen: National Parks Board, Tel. 012/343 19 91, Fax 343 20 00, Kategorie 3*

Mala Mala/Rattray, Londolozi und Sabi Sabi Game Reserve (F 2)

Am Westrand des Krüger Parks gibt es außerdem private Wildparks. Sie unterscheiden sich von ihrem Wildbestand her kaum vom Krüger Park, sind aber erheblich kleiner. Die Unterbringung ist zum Teil viel luxuriöser, aber auch viel teurer. Erfahrene Wildhüter fahren mit den Gästen in vierradgetriebenen Geländewagen durch den Busch. Somit ist sichergestellt, daß man selbst in wenigen Stunden so viele Tiere wie möglich sieht. Fast immer sind es *The Big Five* − die großen Fünf − Löwe, Elefant, Büffel, Nashorn und Leopard.

In den Privatparks gibt es auch die Möglichkeit der Nachtsafari, die im Krüger Park verboten ist. Besonders an heißen Tagen sind viele Tiere träge. Deswegen passieren die aufregenden Dinge in der Nacht.

Mala Mala/Rattray Reserve ist das größte und älteste private Wildreservat in Südafrika. Es ist 18 000 Hektar groß und teilt eine 30 Kilometer lange Grenze mit dem Krüger National Park. Mala Mala ist bekannt dafür, daß hier auf jeden Gastwunsch eingegangen wird. Die Unterbringung ist absolute Luxusklasse, wie auch das Essen und die Safaris. Für Gäste, die eine Wandersafari machen wollen, werden »Trekker Trails« angeboten mit Übernachtungen in luxuriösen Zelten. *Es gibt mehrere Camps mit Übernachtungsmöglichkeiten und in unterschiedlichen Preisklassen. Aber: Alle sind Kategorie 1. Tel. 01311/ 656 61 oder 011/789 26 77, Fax 886 43 82*

Londolozi Game Reserve: Nicht ganz so luxuriös, aber auch edel und teuer werden hier Übernachtungen in drei Camps entlang des Sandflusses angeboten. ✿ Das *Tree Camp* ist um einen alten Ebenholzbaum gebaut und bietet einen herrlichen Panoramablick. *Tel. 011/803 84 21, Fax 803 18 10, Kategorie 1*

Sabi Sabi Game Reserve grenzt ebenfalls an den Krüger Park, auch hier werden die Gäste von Ranchern begleitet. Abends wird gegrilltes Wild unter dem traumhaften Sternenhimmel Afrikas serviert. *Tel. 011/483 39 39, Fax 483 37 99, Kategorie 1*

Ost-Transvaal (F 2)

Der größte Teil der Provinz ist subtropisch mit fruchtbaren Ebenen. Kommt man über die ✿ Panorama Route, bietet sich ein herrlicher Blick über die Landschaft mit Wäldern und Buschfeld. Den Vortrekkern gelang es nur durch unglaubliche Mühe und Ausdauer, ihre Ochsenwagen über die Berge zu bringen. Später, als unter anderem in *Barberton* Gold gefunden wurde, ka-

men auch Goldgräber. Da die Funde schnell erschöpft waren, blieb der Ort ein verträumtes Städtchen und wurde keine Metropole wie Johannesburg.

Sabie (F 2)

Die Stadt der Wälder und Wasserfälle, etwa der *Mac-Mac*-Wasserfälle. Deren Teich bildet ein natürliches Schwimmbad mit kristallklarem Wasser. In der Nähe von Sabie liegt *Pilgrim's Rest*, ein pittoreskes Goldgräberstädtchen aus der Zeit um die Jahrhundertwende. Der ganze Ort hat sich sein ursprüngliches Aussehen bewahrt. Nicht weit von Pilgrim's Rest liegt der landschaftlich reizvolle *Mount-Sheba-Nationalpark. Mount Sheba Hotel, Tel. 01315/812 41, Fax 812 48, Kategorie 2*

Tzaneen (E 2)

★ Am Fuße der Drakensberge liegt diese farbenprächtige Stadt an den Ufern des großen Letaba-Flusses. Der Name *Tzaneen* kommt aus der Hottentottensprache und bedeutet: in einem Korb. Gemeint ist das Tal, in dem Tzaneen liegt, mitten in einer wunderschönen Landschaft. Die Farmer hier erzeugen Holz, Baumwolle und tropische Früchte. In der Nähe liegt ✿ *World View.* Von hier sieht man das spektakuläre Panorama des Letaba-Tals und der Drakensberge. 15 Kilometer südlich von Tzaneen, in *Agatha,* liegt das *The Coach House,* ein Landhotel, das in den letzten Jahren immer auf der Liste der besten Hotels Südafrikas erschien. Genießen Sie den Luxus in dieser schönen Umgebung! *Old Coach Rd., Tel. 0152/307 36 41, Fax 307 14 66, Kategorie 1*

Von Auskunft bis Zoll

Die wichtigsten Adressen und Informationen für Ihre Südafrikareise

AUSKUNFT VOR DER REISE

South African Tourism Board
Alemannia-Haus, An der Hauptwache 11, 60313 Frankfurt, Tel. 069/9 29 12 90, Fax 28 09 50
Stefan-Zweig-Platz 11, 1170 Wien, Tel. 0222/47 04 51 10, Fax 47 04 51 14
Seestr. 42, 8802 Kilchberg/Zürich, Tel. 01/715 18 15-17, Fax 715 18 89

AUTO

In Südafrika darf kein Auto ohne Haftpflichtversicherung *Third Party* gefahren werden, die nur Personenschäden deckt. Die Höchstgeschwindigkeit beträgt in Ortschaften 60 km/h, auf Landstraßen 100 km/h und auf der Autobahn 120 km/h. Rund 84 000 Straßenkilometer sind geteert, weitere 163 000 Kilometer ohne festen Belag. Linksverkehr. Absolutes Alkoholverbot am Steuer.

AA

Im ganzen Land ist der Automobilclub AA vertreten. *Tel. 011/403 57 00*

ARZT

Da Südafrika keinen staatlichen Gesundheitsdienst hat, müssen Besucher für ihre medizinische Versorgung selbst aufkommen. Europäische Krankenscheine werden nicht akzeptiert. Es empfiehlt sich sehr, eine Auslandskrankenversicherung abzuschließen. Ärzte sind im Telefonbuch unter *Medical* aufgeführt. Apotheken nennt man *Chemist* oder *Pharmacy.*

BAHN

Nur der *Blue Train* und die *Rovos Rail* bieten ein echtes Reisevergnügen. Alle anderen Zugverbindungen sind langsam, häufig nicht sehr komfortabel und alles in allem nicht empfehlenswert.

Eine Fahrt im Blue-Train-Luxuszug ist unvergeßlich. Von Kapstadt nach Pretoria, mit Stopp in Johannesburg, dauert die Reise ungefähr 24 Stunden. Fast ohne Geräusche und Vibrationen, aber auch relativ langsam beginnt die Fahrt in der grünen Küstenregion. Die schmale Gleisspur windet sich durch fruchtbares Farmland und dann geht es schnurgerade durch die Karoo. Vom Zugfenster aus sieht man die Diamantenfelder und kommt schließlich ins Hochplateau des Nordens. Je nach Lust und Laune verbringt der Reisende die vielen Stunden im Salon, im eleganten Speisewagen oder im Abteil. Das Essen ist gut und die Weinkarte erlesen. Das Angebot an Kabinen reicht vom etwas engen Ein-Personen-Abteil bis zur großen Suite, mit Badezimmer und Salon. Der Service ist ausgefeilt: Wo bekommt der Gast schon ein Stück Schokolade bei seiner Zugfahrt aufs Bett gelegt? Man fühlt sich der Tradition verpflichtet, schließlich gibt es die Zugfahrt seit 1901. Zum Abendessen sollte man sich etwas eleganter kleiden. Der Zug fährt montags, mittwochs und freitags in beide Richtungen. Die Preise liegen zwischen 950 Rand für eine einfache Fahrt in der Einzelkabine und 8130 Rand für Hin- und Rückfahrt in der Luxussuite. *Reservierungen in Johannesburg, Tel. 011/774 44 69 und Frankfurt Tel. 069/45 02 57*

Ähnlich lebt das goldene Zeitalter der Dampflokomotive und der Luxusreisen bei der <mark>Rovos Rail</mark> wieder auf, — mitten im afrikanischen Busch. Die aufwendig renovierte Rovos Linie mit ihren acht Waggons aus den 20er Jahren wird von drei alten Lokomotiven, aus den Jahren 1893, 1926 und 1938 auf verschiedenen Streckenabschnitten gezogen. Der Eigentümer des Zuges hat Jahre darauf verwendet, Züge und Wagen zu finden und zu renovieren. Auf einer Reise werden höchstens 40 Personen befördert, die von 14 Mann Perso-

Ein überwältigendes Panorama bieten die Drakensberge

nal umsorgt werden. Das Essen, das in einem Küchenwagen aus dem Jahre 1924 bereitet wird, ist super. Kabinen, Salons und Speisewagen sind im Stil der Jahrhundertwende eingerichtet, dennoch ist jeder Komfort berücksichtigt. Rovos Rail bietet eine Dampfloksafari auf einer Strecke von 1000 Kilometern von Pretonia aus durch Ost-Transvaal nach Graskop. Die Passagiere werden zurückversetzt in die Zeiten der Abenteurer, Pioniere, Goldgräber und Elefantenjäger. Die 4-Tage-Tour beinhaltet eine Übernachtung in einem exklusiven, privaten Wildreservat und den Besuch von Pilgrim's Rest. Die Preise für diese Reise liegen zwischen 5190 Rand und 5850 Rand pro Person für vier Tage und drei Nächte, alle Mahlzeiten und Getränke eingeschlossen. Abfahrt ist immer samstags. Außerdem bietet Rovos Rail eine Verbindung nach Durban und Kapstadt an. *Reservierungen über Tel. 012/343 60 62*

BANKEN

Es ist verboten, mehr als 500 Rand nach Südafrika einzuführen. Für das Mitbringen ausländischer Währungen gibt es keine Beschränkungen. Eurochecques akzeptieren, wenn überhaupt, nur die Banken. Internationale Kreditkarten sind dagegen üblich. *Öffnungszeiten der Banken Mo–Fr 9–15.30 Uhr, Sa 8.30–11 Uhr*

BARS

Die Bars, auch in Hotels, sind nicht immer für Damen geöffnet. Die meisten Hotels haben deshalb noch eine Ladies Bar.

BED & BREAKFAST

Im ganzen Land gibt es private und preiswerte Übernachtungsmöglichkeiten. *Die zentrale Reservierungsnummer ist 011/482 22 06.*

BOTSCHAFTEN – KONSULATE

Botschaft und Generalkonsulat der Bundesrepublik Deutschland in Kapstadt
St. Martini Gardens, Queen Victoria St., Tel. 021/411 42 13

Botschaft der Bundesrepublik Deutschland in Pretoria
180, Blackwood Rd., Tel. 012/ 344 38 54

Deutsches Generalkonsulat in Johannesburg
16, Kapteijn St. Ecke Twist St., Tel. 011/725 15 19

Deutsches Generalkonsulat in Durban
320 West St. 15. Stock, Tel. 031/ 305 56 77

Österreichische Botschaft in Pretoria
Apollo Centre, 405 Church St., Tel. 012/322 77 90

Österreichisches Generalkonsulat in Johannesburg
9th Floor, Samro House, 73, Juta St., Tel. 011/403 18 50

Österreichisches Konsulat in Durban
203 Union Club Building, 333, Smith St., Tel. 031/304 95 22

Österreichisches Konsulat in Kapstadt
Cape Town Centre, Hertzog Blvd., Tel. 021/21 62 15

Schweizer Botschaft in Pretoria
818, George Ave., Tel. 012/43 77 88

Schweizer Generalkonsulat in Johannesburg
Swiss House, 86, Main St., Tel. 011/ 442 75 00

Schweizer Konsulat in Kapstadt
NBS Waldorf, 9. Stock, 80 St. George's Mall, Tel. 021/26 23 01

CAMPING

Wegen seines Klimas ist Südafrika ein ideales Land für Camper. Ausgezeichnete Campingplätze gibt es in allen Städten, an Stränden, in Naturparks und Wildschutzgebieten. *Auskunft Tel. 011/789 32 02*

COMPUTICKET

Ein zentrales Reservierungssystem für Kino, Oper, Theater und andere Veranstaltungen. Die Vorverkaufsstellen von Computicket finden Sie in allen großen

Nicht versäumen: mit der Seilbahn auf den Tafelberg

Städten in Kaufhäusern, Einkaufspassagen und -zentren.

Militärische Anlagen, Polizeistationen und Gefängnisse dürfen nicht fotografiert werden.

Auskunft über Golf Union in Johannesburg, *Tel. 011/64 03 71 4*

Besonders die Hotels der großen Ketten, Protea, Southern Sun, Holiday Inn und Sun International (sehr schöne Anlagen) bieten fast immer Sondertarife.

Besuchern des Krügerparks und der angrenzenden Wildschutzgebiete wird eine Malaria-Prophylaxe empfohlen. Die Tabletten gibt es in Südafrika rezeptfrei in jeder Apotheke. Wer aus einer Gelbfieberzone nach Südafrika einreist, muß eine Schutzimpfung gegen Gelbfieber nachweisen können. Sonst sind keine Impfungen nötig.

Sie sind in Südafrika preiswerter als in Deutschland. Sie können in allen Städten gemietet werden. Für Touristen gibt es häufig Sondertarife. Die großen Vermieter sind *Avis Tel. 08000-211 11, Budget Tel. 08000/166 22* und *Imperial Car/Hertz Tel. 08002-102 27.* Wer billiger fahren möchte, kann einen Wagen bei *Rent a Wreck* bekommen. Die Autos sind nicht ganz so schrottreif, wie es sich anhört. *Tel. 011/402 70 43.* Mindestalter für Mietwagenfahrer ist 23. Man sollte einen internationalen Führerschein haben.

Mit Ausnahme von ländlichen Gebieten ist das Telefonnetz

vollautomatisch mit Direktwahl in die meisten Teile der Welt. In Postämtern werden Auslandsgespräche vermittelt, die von öffentlichen Telefonzellen meist nicht geführt werden können. *Schalterstunden Mo–Fr 8.30 bis 16.30 Uhr, Sa 8–12 Uhr*
Vorwahl nach Deutschland: 09 49
Vorwahl in die Schweiz: 09 41
Vorwahl nach Österreich: 09 43
Vorwahl nach Südafrika: 00 27

An den Flughäfen werden Mobiltelefone vermietet.
Auskunft national 10 25
Auskunft international 10 23

SAFARIS

Werden für jeden Geschmack und jeden Geldbeutel angeboten. *Auskunft über SATSA (Southern African Tourism & Safari Ass.), Tel. 011/883 91 03, Fax 883 90 02.* Ein besonderer Tip: Drei Stunden Autofahrt von Johannesburg entfernt, liegt die *Lindbergh Lodge*. Im eleganten Landhaus der Familie Lindbergh nächtigten schon so berühmte Besucher wie Cecil Rhodes. Das Anwesen liegt in einem Wildpark, der nur mit der Serengeti vergleichbar ist. Hier werden Safaris mit einem Ballon angeboten. Nahezu lautlos fliegt man über große Herden Wildebeest, Giraffen, Kudus und Zebras. *Wolmaransstad 26 630, Tel. 01811/220 41, Fax 220 48, Kategorie 1 und 2*

SICHERHEIT

Wenn Sie sich verhalten wie beim Urlaub in anderen Ländern der Dritten Welt und typisches Touristenverhalten vermeiden, sind Sie ziemlich sicher. Bei Fahrten durch die Großstäd-

te Auto von innen verriegeln. In der Nacht nicht durch die Innenstädte spazieren. Geldbörse und Kamera unauffällig am Körper tragen, Wertsachen im Hotelsafe einschließen. Die Notrufnummer ist 10111.

STROMSPANNUNG

220 Volt Wechselstrom bei 50 Hertz. Häufig braucht man für den zweipoligen Anschluß einen Zwischenstecker, den es nur in Südafrika gibt. In Hotels wird der Adapter angeboten.

UNFÄLLE

Sie werden von der Polizei nur bei Personenschäden aufgenommen. In allen anderen Fällen tauschen die Fahrer ihre Adressen aus und melden beide den Unfall bei einer Polizeistation. Den Führerschein muß man nicht bei sich haben, er kann notfalls innerhalb von 24 Stunden bei der Polizei vorgelegt werden.

VAT

(Mehrwertsteuer-Rückerstattung) Auf den Flughäfen in Johannesburg, Durban und Kapstadt können Touristen sich die VAT erstatten lassen. Da viele Besucher diese Idee haben, sollten Sie sich viel Zeit mitbringen. *Auskunft über Tel. 011/484 75 30, Fax 484 29 52*

VISUM

Besucher aus Deutschland, der Schweiz und Österreich brauchen kein Visum, solange sie nicht länger als drei Monate in Südafrika bleiben wollen.

Eine tolle Erfahrung. Auf den Flüssen Tugela, Orange River und Vaal werden Touren angeboten, die zwischen einem Tag und sechs Tagen dauern.

Für Familien und Anfänger gibt es spezielle Angebote. Informationen bekommen Sie bei *River & Safaris, Tel. 011/803 97 75, Fax 803 96 03*

Europäischer Sommer: zeitgleich; Winter: 1 Stunde voraus.

Zollfrei sind: 1 Liter Spirituosen, 2 Liter Wein, 50 ml Parfüm, 400 Zigaretten, 50 Zigarren und 250 Gramm Tabak, zusätzlich Geschenke im Wert von 200 Rand.

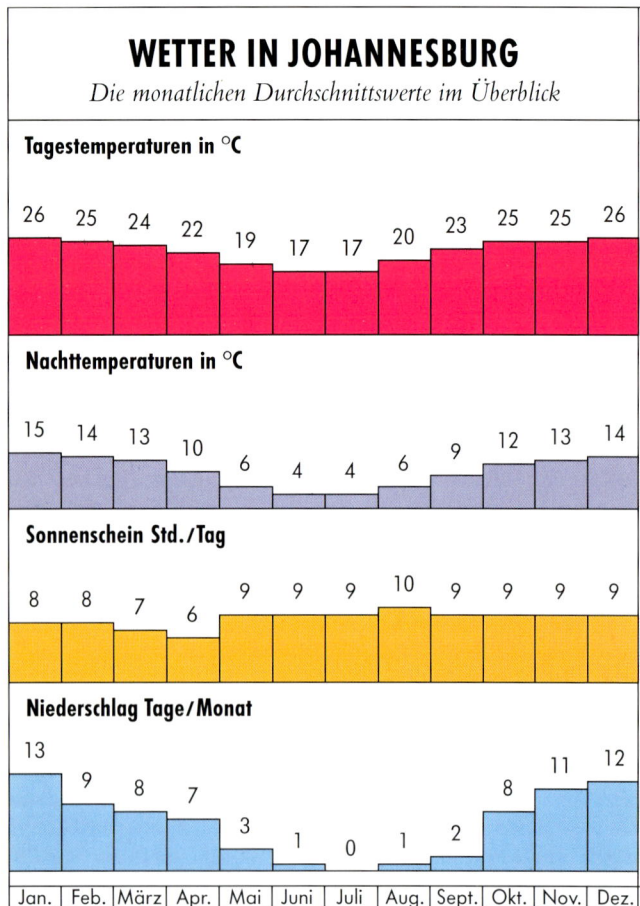

WETTER IN JOHANNESBURG

Die monatlichen Durchschnittswerte im Überblick

Tagestemperaturen in °C

Jan.	Feb.	März	Apr.	Mai	Juni	Juli	Aug.	Sept.	Okt.	Nov.	Dez.
26	25	24	22	19	17	17	20	23	25	25	26

Nachttemperaturen in °C

Jan.	Feb.	März	Apr.	Mai	Juni	Juli	Aug.	Sept.	Okt.	Nov.	Dez.
15	14	13	10	6	4	4	6	9	12	13	14

Sonnenschein Std./Tag

Jan.	Feb.	März	Apr.	Mai	Juni	Juli	Aug.	Sept.	Okt.	Nov.	Dez.
8	8	7	6	9	9	9	10	9	9	9	9

Niederschlag Tage/Monat

Jan.	Feb.	März	Apr.	Mai	Juni	Juli	Aug.	Sept.	Okt.	Nov.	Dez.
13	9	8	7	3	1	0	1	2	8	11	12

Bloß nicht!

Was Sie unbedingt vermeiden sollten, denn Touristenfallen
und Gefahren gibt es auch in Südafrika

Allein im Dunkeln spazierengehen

Viele Urlauber gehen gerne nach dem Abendessen noch ein paar Schritte um den Block. Das ist in Südafrika nur ausnahmsweise zu empfehlen. Die Johannesburger City zum Beispiel ist tagsüber eine afrikanische Großstadt, d. h. man sieht kaum weiße Gesichter. Am Abend ist es schon gefährlich, durch die dunklen, leeren Straßen der Innenstadt zu laufen. Beim Besuch eines Restaurants sollten Sie ruhig fragen, wo und wie weit entfernt der Parkplatz ist. Auch in den anderen Städten wie Kapstadt und Durban sollte man vorsichtig sein. An der Strandpromenade kann man meist bedenkenlos spazierengehen. Doch wer sich auf dem Tafelberg die einsamsten Aussichtspunkte, abseits jeder Route, suchen will, der sollte jedenfalls nicht seine ganze Barschaft dabeihaben. Wie in jedem Land mit großen sozialen Unterschieden ist die Kriminalität hoch, aber wer sich umsichtig verhält, dem wird nichts passieren.

Autobahnen

Für deutsche Besucher ist es unvorstellbar, daß Autobahnen von Fußgängern und Hunden überquert werden. Besonders in der Nähe der Townships ist darauf zu achten, ebenso auf Radfahrer und Jogger. Besondere Vorsicht ist auch deshalb geboten, weil Pferde, Kühe und Schafe häufig auf dem Grünstreifen an der Autobahn grasen.

Bettler

Verglichen mit anderen Ländern in Afrika gibt es nicht viele Bettler in Südafrika. Meistens kommen an den Ampeln in den großen Städten oder beim Einparken Kinder ans Auto. Auch wenn der Anblick herzerweichend ist, sollte man ihnen kein Geld geben. Die Kleinen sind meistens Mitglieder von organisierten Bettelbanden, und das Geld wird ihnen von Erwachsenen wieder abgenommen. Aber mit Süßigkeiten oder einem Apfel kann man natürlich nichts falsch machen. Es empfiehlt sich übrigens, in allen Großstädten mit verschlossenen Autotüren zu fahren.

Füttern von Tieren

Das Füttern von Tieren ist in allen Wildparks verboten. Aber auch die Paviane, die oftmals in der Nähe von Straßen und Rastplätzen leben, sollten und dürfen nicht gefüttert werden. Viele haben ihre natürliche Scheu vor

Menschen verloren. Wenn ein Auto anhält, klettern sie häufig aufs Dach, und sobald sich eine Tür öffnet, sitzen sie im Wagen und suchen nach Eßbarem. Mit besonderer Vorliebe stehlen sie alles, was nicht niet- und nagelfest ist. Schon manche Handtasche mit allen Papieren verschwand auf Nimmerwiedersehen.

Bloß nicht Tiere in den Wildparks füttern!

Drängeln

Nach guter englischer Sitte steht man Schlange in Südafrika. Ganz gleich wo oder worauf man wartet, ob Kinokarten, Bus oder bei der Bank, es ist nicht üblich, sich vorzudrängeln.

Tramper

Wegen des ungeregelten öffentlichen Transportverkehrs gibt es viele Leute, die als Anhalter am Straßenrand stehen. Auch hier ist Vorsicht geboten. Die Südafrikaner sind sehr hilfsbereit, und niemand steht lange. Aber für Touristen ist es schwer zu beurteilen, ob und in welcher Gegend es sicher ist, diesen oder jenen Fahrgast mitzunehmen.

Zebrastreifen

In Südafrika, aber besonders in Kapstadt, sollte man sich nicht darauf verlassen, daß ein Zebrastreifen von Autofahrern beachtet wird. Als Autofahrer andererseits sollte man nicht glauben, daß die Fußgänger an einer roten Ampel haltmachen. Kapstädter vertrauen darauf, daß Autofahrer auf jeden Fall bremsen.

Arbeitsmoral

So beschreibt ein Johannesburger Geschäftsmann seine Kollegen in Kapstadt: Wer immer es einrichten kann, verschwindet zwischen 11.00 und 16.00 Uhr zum Mittagessen. Jeden Mittwochnachmittag hat der Kapstädter eine wichtige Verabredung auf dem Golfplatz. Freitags wird auf jeden Fall versucht, das Büro vor der Mittagspause zu verlassen, um montags nach ebenjener Pause (frühestens!) zurückzukommen. Diese Arbeitseinteilung gilt zumindest für die Sommermonate zwischen November und April. Wobei Dezember und Januar besondere Härtemonate sind. Erstens ist es heiß, zweitens ist da die Zeit der großen Ferien, und drittens lohnt es sich kaum, zwischen den vielen Feiertagen und Weihnachtspartys die Arbeit wieder aufzunehmen — es sei denn, man ist Schwimmlehrer.

REGISTER

In diesem Register finden Sie alle erwähnten Orte und Sehenswürdigkeiten. Hauptnennungen sind halbfett gedruckt, Fotos kursiv.

Was bekomme ich für mein Geld?

Die Währungseinheit ist der Rand, der gleich 100 Cent ist. In Münzen gibt es 1, 2, 5, 10, 20 und 50 Cent, 1, 2 und Rand. In Scheinen 5, 10, 20 und 50, 100 und 200 Rand. Die Inflation in Südafrika ist hoch. Durch die sich ständig anpassenden Wechselkurse leiden allerdings Besucher darunter kaum. Es ist auf jeden Fall günstiger, Rand in Südafrika umzutauschen.

Hier einige Preise: Ein Flug von Johannesburg nach Kapstadt kostet um die 500 Mark, aber es gibt jede Menge Sondertarife, wie Nachtflüge und Wochenendreisen. Benzin ist billig (obwohl Südafrika kein Ölland ist) und kostet rund die Hälfte vom deutschen Preis. Zigaretten kosten gar nur ein Drittel. Museumsbesuche sind fast immer kostenlos. Wenn einmal Eintritt verlangt wird, ist der Preis sehr niedrig und für Kinder in der Regel frei. Die Kinokarte kostet weniger als 5 Mark. Für eine Pizza zahlt man im Restaurant in Sea Point, einem populären Urlaubsvorort von Kapstadt, 10 Mark. Für das gleiche Geld bekommt man in einem Hotel auf dem Lande ein Essen mit drei Gängen. Eine gute Flasche Tischwein kostet im Geschäft 5 Mark. Alles in allem ist Südafrika für Besucher aus Europa ein sehr günstiges Ferienland.

DM	Rand	Rand	DM
1	2,80	1	0,36
2	5,60	2	0,71
3	8,40	3	1,07
4	11,20	4	1,43
5	14,01	5	1,79
10	28,01	10	3,57
20	56,02	15	5,36
30	84,03	20	7,14
40	112,04	30	10,71
50	140,05	40	14,28
60	168,06	50	17,85
70	196,07	60	21,42
80	224,08	70	24,99
90	252,09	80	28,56
100	280,10	90	32,13
200	560,20	100	35,70
300	840,30	250	89,25
500	1.400,50	500	178,50
750	2.100.75	1.000	357,00
1.000	2.801,00	2.000	714,00

Bei Scheckzahlung/Automatenabhebung am Urlaubsort berechnet die Heimatbank die obenstehenden Kurse. Stand: Juni 1996

Sprechen und Verstehen ganz einfach

> Zur Erleichterung der Aussprache sind alle englischen Wörter mit einer einfachen
> Aussprache (in eckigen Klammern) versehen. Folgende Zeichen sind Sonderzeichen:
>
> ə   nur angedeutetes »e« wie in bitte
> θ   [s] gesprochen mit der Zungenspitze zwischen den Zähnen

AUF EINEN BLICK

Ja./Nein.	Yes. [jäs]/No. [nəu]
Vielleicht.	Perhaps. [pə'häps]/Maybe. ['mäibih]
Bitte.	Please. [plihs]
Danke.	Thank you. ['θänkju]
Vielen Dank!	Thank you very much. ['θänkju 'wäri 'matsch]
Gern geschehen.	You're welcome. [joh 'wälkəm]
Entschuldigung!	I'm sorry! [aim 'sori]
Wie bitte?	Pardon? ['pahdn]
Ich verstehe Sie/dich nicht.	I don't understand. [ai dəunt andə'ständ]
Ich spreche nur wenig …	I only speak a bit of … [ai 'əunli spihk ə'bit əw …]
Können Sie mir bitte helfen?	Can you help me, please? ['kən ju 'hälp mi plihs]
Ich möchte …	I'd like … [aid'laik]
Das gefällt mir (nicht).	I (don't) like it. [ai (dəunt) laik_it]
Haben Sie …?	Have you got …? ['həw ju got]
Wieviel kostet es?	How much is it? ['hau'matsch is it]
Wieviel Uhr ist es?	What time is it? [wot 'taim is it]

KENNENLERNEN

Guten Morgen!	Good morning! [gud 'mohning]
Guten Tag!	Good afternoon! [gud ahftə'nuhn]
Guten Abend!	Good evening! [gud 'ihwning]
Hallo! Grüß dich!	Hello! [hə'ləu]/Hi! [hai]
Mein Name ist …	My name ist … [mai näims …]
Wie ist Ihr/Dein Name?	What's your name? [wots joh 'näim]
Wie geht es Ihnen/dir?	How are you? [hau 'ah ju]
Danke. Und Ihnen/dir?	Fine thanks. And you? ['fain θänks, ənd 'ju]
Auf Wiedersehen!	Goodbye!/Bye-bye! [gud'bai/bai'bai]
Tschüß!	Cheerio! [tschiəri'əu]
Bis bald!	See you soon! [sih ju 'suhn]
Bis morgen!	See you tomorrow! [sih ju tə'mərəu]

Auskunft

links/rechts	left [läft]/right [rait]
geradeaus	straight on [strät 'on]
nah/weit	near [niə]/far [fah]
Bitte, wo ist ...?	Excuse me, where's ..., please?
	[iks'kjuhs 'mih 'weəs ... plihs]
Hauptbahnhof	main station ['män 'stäischn]
U-Bahn	underground ['andəgraund]
Flughafen	airport ['cəpoht]
Wie weit ist das?	How far is it? ['hau 'fahr_is_it]
Ich möchte ... mieten.	I'd like to hire ... [aid'laik tə 'haiə]
... ein Auto	... a car [ə 'kah]
... ein Fahrrad	... a bike [ə 'baik]
... ein Motorboot	... a motorboat [ə 'məutəbəut]

Panne

Ich habe eine Panne.	My car's broken down.
	[mai 'kahs 'brəukn 'daun]
Würden Sie mir bitte einen Abschleppwagen schicken?	Would you send a breakdown truck, please? ['wud ju sänd ə bräikdaun trak plihs]
Wo ist hier in der Nähe eine Werkstatt?	Is there a garage near here? ['is θeə_ə 'gärahdsch 'niə 'hiə]

Tankstelle

Wo ist die nächste Tankstelle?	Where's the nearest petrol station?
	['weəs θeə 'niərist 'pätrəlstäischn]
Ich möchte ... Liter ...	... litres of ... ['lihtəs əw]
... Normalbenzin.	... three-star, ['θrihstah]
... Super.	... four-star, ['fohstah]
... Diesel.	... diesel, ['dihsl]
... bleifrei/verbleit.	... unleaded/leaded, please. [an'lädid/'lädid plihs]
Volltanken, bitte.	Fill her up, please. ['fil ər 'ap plihs]

Unfall

Hilfe!	Help! [hälp]
Achtung!	Attention! [ə'tänschn]
Vorsicht!	Look out! ['luk 'aut]
Rufen Sie bitte ...	Please call ... ['plihs 'kohl]
... einen Krankenwagen.	... an ambulance. [ən 'ämbjuləns]
... die Polizei.	... the police. [θə pə'lihs]
... die Feuerwehr.	... the fire-brigade. [θə 'faiəbri,gäid]
Es war meine Schuld.	It was my fault. [it wəs 'mai 'fohlt]
Es war Ihre Schuld.	It was your fault. [it wəs 'joh 'fohlt]
Geben Sie mir bitte Ihren Namen und Ihre Anschrift.	Please give me your name and address! [plihs giw mi joh 'näim ənd ə'dras]

ESSEN/UNTERHALTUNG

Wo gibt es hier ...
Is there ... here? ['is θeər ... 'hiə]

... ein gutes Restaurant?
... a good restaurant [ə 'gud 'rästərohng]

... ein typisches Restaurant?
... a restaurant with local specialities
[ə 'rästərohng wiθ 'ləukl ,späschi'älitis]

Gibt es hier eine gemütliche Kneipe?
Is there a nice pub here?
['is θeər_ə nais 'pab hiə]

Reservieren Sie uns bitte für heute abend einen Tisch für 4 Personen.
Would you reserve us a table for four for this evening, please? ['wud ju ri'söhw əs ə 'täibl fə 'foh fə θis 'ihwning plihs]

Auf Ihr Wohl!
Cheers! [tschiəs]

Bezahlen, bitte.
Could I have the bill, please?
['kud ai häw θə 'bil plihs]

Haben Sie einen Veranstaltungskalender?
Have you got a diary of events?
[həw ju got_ə 'daiəri_əw i'wänts]

EINKAUFEN

Wo finde ich ...?
Where can I find ...?
['weə 'kən_ai 'faind ...]

Apotheke
chemist's [kämists]

Bäckerei
baker's [bäikəs]

Fotoartikel
photographic materials
[,fəutə'gräfik mə'tiəriəls]

Kaufhaus
department store [di'pahtmənt stoh]

Lebensmittelgeschäft
food store ['fuhd stoh]

Markt
market ['mahkit]

ÜBERNACHTUNG

Können Sie mir bitte ... empfehlen?
Can you recommend ..., please?
[kən ju ,räkə'mänd ... plihs]

... ein Hotel
... a hotel [ə həu'täl]

... eine Pension
... a guest-house [ə 'gästhaus]

Ich habe bei Ihnen ein Zimmer reserviert.
I've reserved a room.
[aiw ri'söhwd_ə 'ruhm]

Haben Sie noch ...
Have you got ... [həw ju got]

... ein Einzelzimmer
... a single room [ə 'singl ruhm]

... ein Doppelzimmer
... a double room [ə 'dabl ruhm]

... mit Dusche/Bad?
... with a shower/bath?
[wiθ ə 'schauə/'bahθ]

... für eine Nacht?
... for one night? [fə wan 'nait]

... für eine Woche?
... for a week? [fə ə 'wihk]

Was kostet das Zimmer mit ...
How much is the room with ...
['hau 'matsch is θə ruhm wiθ]

... Frühstück?
... breakfast? ['bräkfəst]

... Halbpension?
... breakfast and evening meal?
['bräkfəst ən 'iwning 'mihl]

Arzt

Können Sie mir einen guten Arzt empfehlen?

Can you recommend a good doctor? [kən ju ˌräkə'männd ə gud 'doktə]

Ich habe hier Schmerzen.

I've got a pain here. [aiw gotəə' päin 'hiθ]

Bank

Wo ist hier bitte …

Where's the nearest … [weəs θə 'niərist]

… eine Bank?
… eine Wechselstube?

… bank? [bänk]
… exchange-office? [iks'tschäinsch_ofis]

Ich möchte … DM (Schilling, Schweizer Franken) in £ ($) wechseln.

I'd like to change … Marks (Austrian shillings, Swiss francs) into pounds (dollars).[aid laik tə tschäinsch … 'mahks ('ostriən 'schillings/'swis 'fränks) 'intə 'paunds ('doləs)]

Post

Was kostet …
… ein Brief …
… eine Postkarte …
… nach Deutschland?

How much does … ['hau 'matsch das]
… a letter … [ə 'lätə]
… a postcard … [ə pəustkahd]
… to Germany? [tə 'dschöhməni]

Zahlen

0	nought, zero [noht, siərəu]	19	nineteen [ˌnain'tihn]
1	one [wan]	20	twenty ['twänti]
2	two [tuh]	21	twenty-one [ˌtwänti'wan]
3	three [θrih]	30	thirty ['θöhti]
4	four [foh]	40	forty ['fohti]
5	five [faiw]	50	fifty ['fifti]
6	six [siks]	60	sixty ['siksti]
7	seven ['säwn]	70	seventy ['säwnti]
8	eight [äit]	80	eighty ['äiti]
9	nine [nain]	90	ninety ['nainti]
10	ten [tän]	100	a (one) hundred ['ə (wan) 'handrəd]
11	eleven [i'läwn]		
12	twelve [twälw]	1000	a (one) thousand ['ə (wan) 'θausənd]
13	thirteen [θöh'tihn]		
14	fourteen [ˌfoh'tihn]	10000	ten thousand ['tän 'θausənd]
15	fifteen [ˌfif'tihn]		
16	sixteen [ˌsiks'tihn]	1/2	a half [ə 'hahf]
17	seventeen [ˌsäwn'tihn]	1/4	a (one) quarter ['ə (wan) 'kwohtə]
18	eighteen [ˌäi'tihn]		

Menu
Speisekarte

BREAKFAST	**FRÜHSTÜCK**
coffee (with cream/milk) [ˈkofi (wiθ ˈkrihm/ˈmilk)]	Kaffee (mit Sahne/Milch)
decaffeinated coffee [diˈkäfin,äitid ˈkofi]	koffeinfreier Kaffee
hot chocolate [ˈhot ˈtschoklit]	heiße Schokolade
tea (with milk/lemon) [tih (wiθ ˈmilk/ˈlämen)]	Tee (mit Milch/Zitrone)
scrambled eggs [ˈskrämbld ˈägs]	Rühreier
poached eggs [ˈpəutscht ˈägs]	verlorene Eier
bacon and eggs [ˈbäikn ən ˈägs]	Eier mit Speck
fried eggs [ˈfraid ˈägs]	Spiegeleier
hard-boiled/soft-boiled eggs [ˈhahdboild/ˈsoftboild ägs]	harte/weiche Eier
(cheese/mushroom) omelette [(tschihs/ˈmaschrum/təˈmahtəu)ˈomlit]	(Käse-/Champignon-)Omelett
bread/rolls/toast [bräd/rəuls/təust]	Brot/Brötchen/Toast
butter [ˈbatə]	Butter
honey [ˈhani]	Honig
jam/marmelade [dschäm/ˈmahmələid]	Marmelade/Orangen-marmelade
muffin [ˈməfin]	süßes Küchlein
yoghurt [ˈjogət]	Joghurt
fruit [ˈfruht]	Obst

HORS D'ŒUVRES/SOUPS	**VORSPEISEN/SUPPEN**
ham [häm]	Schinken
onion rings [ˈənjən rings]	frittierte Zwiebelringe
shrimp/prawn cocktail [ˈschrimp/ˈprohn ˈkoktäil]	Krabben-/Garnelencocktail
smoked salmon [ˈsməukt ˈsämən]	Räucherlachs
seafood salat [sifuhd säləd]	Meeresfrüchtesalat
clear soup/consommé [kliə suhp/kənˈsomäi]	Fleischbrühe
cream of chicken soup [krihm əw ˈtschikin suhp]	Hühnercremesuppe
oxtail soup [ˈokstäil suhp]	Ochsenschwanzsuppe
cream of tomato soup [krihm_əw təˈmahtəu suhp]	Tomatencremesuppe
vegetable soup [ˈwädschtəbl suhp]	Gemüsesuppe

FISH	FISCH
cod [kod]	Kabeljau
crab [kräb]	Krebs
eel [ihl]	Aal
haddock ['hädək]	Schellfisch
herring ['häring]	Hering
lobster ['lobstə]	Hummer
mussels ['masls]	Muscheln
oysters ['oistəs]	Austern
perch [pöhtsch]	Barsch
plaice [pläis]	Scholle
salmon ['sämən]	Lachs
sole [səul]	Seezunge
squid [skwid]	Tintenfisch
trout [traut]	Forelle
tuna ['tuhnə]	Thunfisch

MEAT AND POULTRY	FLEISCH UND GEFLÜGEL
barbequed (B-B-Q) spare ribs ['bahbəkjuhd 'speə ribs]	gegrillte Schweinerippchen
beef [bihf]	Rindfleisch
chicken ['tschikin]	Hähnchen
chop/cutlet [tschop/'katlit]	Kotelett
fillet (steak) ['filit (stäik)]	Filet(steak)
duck(ling) ['dak(ling)]	(junge) Ente
gammon ['gämən]	Schinkensteak
gravy ['gräivi]	Fleischsoße
ham [häm]	Schinken
hamburger ['hämböhgə]	dt. Beefsteak
kidneys ['kidnis]	Nieren
lamb (with mint sauce) [läm (wiθ 'mint 'sohs)]	Lamm (mit einer sauren Minzsoße)
liver (and onions) ['liwə(r ən 'anjəns)]	Leber (mit Zwiebeln)
minced beef ['minst 'bihf]	Hackfleisch vom Rind
mutton ['matn]	Hammelfleisch
pork [pohk]	Schweinefleisch
rabbit ['räbit]	Kaninchen
rissoles ['risəuls]	Frikadellen
rump steak ['ramp stäik]	Rumpsteak
sausages ['sosidschis]	Würstchen
sirloin steak ['söhloin stäik]	Lendenstück vom Rind
T-bone steak ['tihbəun stäik]	Rindersteak mit T-förmigem Knochen
turkey ['töhki]	Truthahn
veal [wihl]	Kalbfleisch
venison ['wänisn]	Reh oder Hirsch

VEGETABLES AND SALAD — GEMÜSE UND SALAT

baked beans ['bäikt 'bihns]	gebackene Bohnen in Tomatensoße
baked potatoes [bäikt pə'täitəus]	gebackene Pellkartoffeln
caesar salad ['sisə 'säləd]	Romagna-Salat mit Croutons und Parmesankäse
cabbage ['käbidsch]	Kohl
carrots ['kärəts]	Karotten
cauliflower ['koliflauə]	Blumenkohl
chef's salad ['schefs 'säləd]	Eisbergsalat mit Schinkenstreifen, Tomaten, Käsestreifen, Oliven
chips/French fries [tschips/'fränsch 'frais]	Pommes frites
corn-on-the-cob ['kohn_on θə 'kob]	Maiskolben
cucumber ['kjuhkamba]	Gurke
fritters/ hash browns ['fritəs/'häsch bräuns]	Bratkartoffeln
mashed potatoes [mäscht pə'täitəus]	Kartoffelbrei
mushrooms ['maschrums]	Champignons
onions ['anjəns]	Zwiebeln
peppers ['päpəs]	Paprika
sweetcorn ['swihtkohn]	Mais
taco salad ['toko 'säləd]	Tacoschale mit grünem Salat, Hackfleisch mit Gewürzen, Tomaten, Käse, Oliven usw.
tomatoes [tə'mahtəus]	Tomaten

DESSERT AND CHEESE — NACHSPEISEN UND KÄSE

apple pie ['äpl 'pai]	gedeckter Apfelkuchen
brownie ['bräuni]	Schokoladenplätzchen
Cheddar ['tschädə]	kräftiger Käse
Cheshire ['tschäschə]	Chesterkäse (mild)
Cottage cheese ['kotidsch 'tschihs]	Hüttenkäse
cream [krihm]	Sahne
custard ['kastəd]	Vanillesoße
Danish blue ['däinisch 'bluh]	Blauschimmelkäse
fruit cake ['fruht käik]	Kuchen mit viel Korinthen, Rosinen usw.
fruit salad [fruht 'säləd]	Obstsalat
goat's milk cheese ['gəuts milk ‚tschihs]	Ziegenkäse
ice-cream ['ais'krihm]	Eis
pancakes ['pänkäiks]	Pfannkuchen
pastries ['päistris]	Gebäck
rice pudding ['rais 'puding]	Reisbrei
stewed fruit ['stjuhd 'fruht]	Kompott

FRUIT	OBST
apples ['äpls]	Äpfel
apricots ['äiprikots]	Aprikosen
blackberries ['bläkbris]	Brombeeren
cherries ['tschäris]	Kirschen
dates [däits]	Datteln
figs [figs]	Feigen
gooseberries ['gusbəris]	Stachelbeeren
grapes [gräips]	Weintrauben
lemon ['lämən]	Zitrone
melon ['mälən]	Melone
oranges ['orindschis]	Orangen
peaches ['pihtschis]	Pfirsiche
pears [peəs]	Birnen
pineapple ['pain,äpl]	Ananas
plums [plams]	Pflaumen
pumpkin ['pampkin]	Kürbis
rhubarb ['ruhbahb]	Rhabarber
strawberries ['strohbris]	Erdbeeren

Beverages
Getränkekarte

ALCOHOLIC DRINKS	ALKOHOLISCHE GETRÄNKE
beer [biə]	Bier
lager ['lahgə]	helles Bier
light/pale ale ['lait/'päil 'äil]	helles Flaschenbier
stout [staut]	Starkbier
cider ['saidə]	Apfelwein
red/white wine [räd/wait wain]	Rot-/Weißwein
dry/sweet [drai/swiht]	trocken/lieblich
sparkling wine ['spahkling wain]	Sekt
table wine ['täibl wain]	Tafelwein

SOFT DRINKS	ALKOHOLFREIE GETRÄNKE
alcohol-free beer ['älkəhol,frih 'biə]	alkoholfreies Bier
fruit juice ['fruht dschuhs]	Fruchtsaft
lemonade [,lämə'näid]	Limonade
milk ['milk]	Milch
mineral water ['minrl ,wohtə]	Mineralwasser
root beer ['rut ,biə]	süße, dunkle Limonade
soda water ['səudə ,wohtə]	Selterswasser
tomato juice [tə'mahtəu dschuhs]	Tomatensaft